I0007978

KI für Einsteiger: Prompts gestalten ohne Programmierkenntnisse

Entfessle die Kraft der KI, ganz ohne Technik-Vorkenntnisse

Asterios Raptis

Conscious Path Publishing

2025

Inhaltsverzeichnis

Vorwort

Figur: Alltägliche Aufgaben, verbessert durch KI-gestützte Prompts.

❖ **Künstliche Intelligenz ist längst Teil deines Alltags** – oft ohne dass du es merkst. Ob beim Schreiben von E-Mails, Planen von Reisen oder beim Finden der passenden Worte: KI hilft dir. Und du musst kein Technikprofi sein, um sie zu nutzen.

Dieses Buch zeigt dir, wie du **mit KI sprichst**, damit sie dir genau die Antworten liefert, die du brauchst – ganz ohne Vorkenntnisse oder Programmierwissen.

Egal ob du:

• deine Kreativität entfalten möchtest
• Zeit bei Alltagsaufgaben sparen willst
• neue Ideen entwickeln möchtest

... hier lernst du Schritt für Schritt, wie du KI-Tools wie ChatGPT oder DALL·E sinnvoll und selbstbewusst einsetzt.

> **► *Was ist ein Prompt?***
> *Ein Prompt ist eine Eingabe, die du an die KI gibst – eine Frage, Aufgabe oder Anweisung.*

Für wen ist dieses Buch gedacht?

Dieses Buch richtet sich an **alle**, die neugierig auf KI sind – besonders an Menschen ohne technischen Hintergrund:

• Berufstätige, Studierende, Eltern oder Kreative
• Menschen, die klare Erklärungen und praktische Beispiele schätzen
• Leser:innen, die sofort etwas ausprobieren wollen – und keine Theorie wälzen

Was du aus diesem Buch mitnimmst

Nach der Lektüre wirst du:

- verstehen, wie KI-Tools funktionieren – einfach erklärt
- lernen, wie du verständliche Prompts formulierst
- mit den richtigen Fragen bessere Antworten der KI erhalten
- eine persönliche Sammlung aus Beispielen und Vorlagen aufbauen
- deine Prompts gezielt verfeinern, um noch bessere Ergebnisse zu erzielen

❖ Symbole im Buch: Dein Wegweiser

Damit du möglichst flüssig und interaktiv durch das Buch kommst, haben wir Symbole eingeführt, die bestimmte Inhalte kennzeichnen. Diese Icons helfen dir dabei, Beispiele, Tipps, Übungen und mehr auf einen Blick zu erkennen.

Icon	Bezeichnung	Bedeutung
✦	**Prompt**	Eine konkrete Eingabe, die du direkt ausprobieren kannst
"	**Antwort der KI**	Eine mögliche Reaktion der KI auf deinen Prompt
↺	**Nachfolge-Prompt**	Eine überarbeitete oder ergänzte Version

Icon	Bezeichnung	Bedeutung
✳	**Du bist dran**	Fordert dich zum Mitmachen oder Nachdenken auf
ϟ	**Prompt-Tipp**	Knackige Hinweise für bessere Ergebnisse
⚠	**Achtung**	Warnungen vor typischen Fehlern
✓	**Schneller Tipp**	Kompakte Best Practices
¶	**Übersichtstabelle**	Schneller Vergleich oder Zusammenfassung
✎	**Übung**	Kleine Aufgaben zur Vertiefung
✦	**Merksatz**	Zentrale Gedanken und Erkenntnisse

Diese Symbole sollen dein Lernerlebnis bereichern – egal, ob du quer durchblätterst oder dich intensiv mit jedem Kapitel befasst.

So holst du das Beste aus diesem Buch

Egal wie du lernst – dieses Buch passt sich dir an:

- **Einsteiger:innen**: Lies von Anfang an, um ein solides Fundament aufzubauen
- **Pragmatische Leser:innen**: Spring direkt zu Kapiteln, die dich interessieren
- **Entdecker:innen**: Probiere Prompts direkt aus und entwickle deinen Stil
- **Reflektierende**: Nutze die Übungen zur Vertiefung und baue Schritt für Schritt dein Wissen aus

> ↻ *Tipp: Führe ein Prompt-Tagebuch. Halte fest, welche Prompts gut funktioniert haben, wie du sie verbessert hast und welche Antworten der KI dich überrascht haben.*

Noch ein Hinweis für Neugierige

Im Anhang findest du ein kleines Extra:
► **„PS: Bonus für Neugierige"** – mit Infos zu einer NFT-Kollektion und wie du Teil der KI-Community wirst.

Bereit?

Dann lass uns gemeinsam in die Welt der KI eintauchen –
eine Frage nach der anderen.
Du wirst erstaunt sein, was alles möglich ist.

Kapitel 1: Die Kraft der KI im Alltag entfesseln

Künstliche Intelligenz (KI) klingt vielleicht wie etwas aus einem Science-Fiction-Film, aber heute ist sie längst Teil unseres Alltags – so selbstverständlich wie Smartphones oder Laptops. Und das Beste daran: **Man muss kein Technikprofi sein, um sie zu nutzen.**

Tatsächlich wird der Umgang mit KI schnell zu einer Grundkompetenz, vergleichbar mit dem Surfen im Internet oder dem Schreiben von E-Mails. Mit ein wenig Übung und Anleitung kannst **du mit KI Aufgaben vereinfachen, kreative Ideen entwickeln und Probleme schneller und effizienter lösen als je zuvor.**

Dieses Kapitel ist dein Einstieg in die Welt der KI-Tools. Du erfährst, was sie sind, wie sie funktionieren und wie du selbstbewusst damit umgehen kannst. Am Ende wird dir KI nicht mehr fremd oder einschüchternd erscheinen – sondern wie ein hilfreicher Assistent, der immer zur Stelle ist.

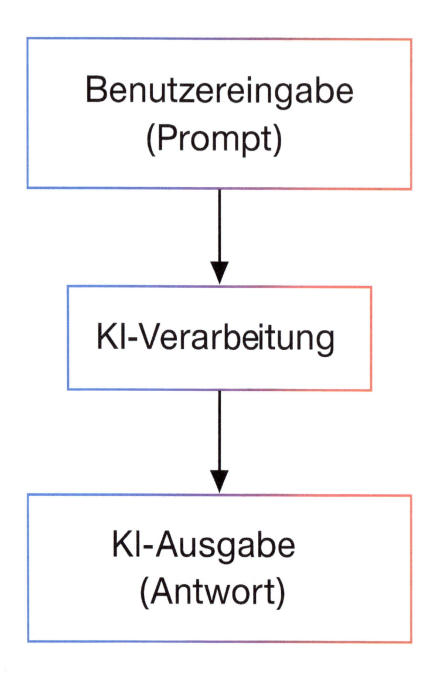

Abbildung: Visuelle Darstellung der Prompt-basierten Interaktion mit KI-Tools

Persönliche Erfahrung: Mein erster Fehltritt mit KI

Wir alle fangen irgendwo an. Mein erster KI-Prompt?
✦ **„Hilf mir, einen Blogbeitrag zu schreiben."**

" KIs Antwort? Ein langweiliger, vager Entwurf. Nicht wirklich hilfreich. Aber das lag nicht an der KI – sondern an mir. Ich war nicht klar genug.

Dann habe ich ihn überarbeitet:
✦ **„Schreibe einen 500-Wörter-Blogbeitrag darüber, wie KI kleine Unternehmen verändert. Nenne zwei reale Beispiele und verwende einen freundlichen und informativen Ton."**

Das Ergebnis? Klar, überzeugend – und direkt nutzbar.

> ✴ *Lektion: Mit KI zu kommunizieren ist eine Fähigkeit. Und wie jede Fähigkeit verbessert sie sich mit Übung.*

Was ist KI – und warum sollte dich das interessieren?

KI bezeichnet Software oder Maschinen, die Aufgaben übernehmen können, die normalerweise menschliche

Intelligenz erfordern – zum Beispiel Sprache verstehen, Muster erkennen oder kreative Inhalte generieren.

▷ Alltägliche Beispiele für KI

Du nutzt wahrscheinlich schon heute KI, ohne es zu merken:

• **ChatGPT**: E-Mails schreiben, Artikel zusammenfassen, Ideen sammeln
• **DALL·E**: Texte in beeindruckende Bilder umwandeln
• **Sprachassistenten (Siri, Alexa, Google Assistant)**: Fragen beantworten, Erinnerungen setzen, Smart-Home steuern
• **Spotify & Netflix**: Songs und Filme vorschlagen, die dir gefallen könnten
• **Google Translate**: Texte in Echtzeit übersetzen

Abbildung: Bekannte KI-Tools in deinem Alltag

⚡**Warum das wichtig ist:** KI ist bereits Teil deines Lebens. Wenn du lernst, mit ihr zu sprechen, wirst du produktiver – und selbstbestimmter.

Warum es sich lohnt, KI zu lernen

So wie das Internet oder Smartphones unser Leben verändert haben, eröffnet dir der bewusste Umgang mit KI neue Freiheiten und Möglichkeiten.

Was KI für dich tun kann:

- **Zeit sparen** – Wiederholende Aufgaben automatisieren
- **Kreativ sein** – Geschichten schreiben, Ideen entwickeln, Bilder gestalten
- **Probleme lösen** – Vom Haushaltsbudget bis zum Wochenmenü
- **Vorsprung gewinnen** – Im Beruf, im Studium oder bei persönlichen Zielen

★ Aufbau eines Prompts: So sprichst du mit KI

Prompt Engineering ist einfach ein schickes Wort für *gute Anweisungen geben.*

✦ *Vage Anfrage = vage Antwort*
✓ *Präzise Anfrage = präzise Antwort*

14

Abbildung: Ein guter Prompt enthält Ziel, Ton, Kontext und Format

✎ Beispiel-Vergleich

• ✗ **Schlechter Prompt:** „Hilf mir, eine Party zu planen."
• ✓ **Besserer Prompt:** „Hilf mir, eine Geburtstagsfeier für 10 Gäste mit tropischem Motto zu planen. Ich brauche Ideen für Essen, Dekoration und Spiele."

Mit KI vertraut werden

Viele Menschen zögern, weil KI technisch klingt. Aber die Wahrheit ist:

> ✦ *Wenn du jemals Google-Autovervollständigung, Spotify-Playlisten oder YouTube-Empfehlungen genutzt hast, hast du bereits mit KI interagiert.*

Abbildung: KI-Nutzung durch Apps, Texteingabe oder Sprachassistenten

Jetzt geht es darum, vom **passiven Konsum** zur **aktiven Gestaltung** überzugehen. Statt nur Vorschläge zu erhalten, lernst du, gezielt zu fragen.

Beispiel: Eine einfache KI-Interaktion

Szenario: Du möchtest eine Dankesnachricht schreiben.

✦ **Prompt:**
„Schreibe eine freundliche Dankesnachricht für eine Geschenkkarte, die ich zum Geburtstag bekommen habe."

" Antwort der KI:

```
Liebe[r] [Name],


vielen Dank für die liebevolle Geschenkkarte zu meinem
Geburtstag! Ich habe mich sehr gefreut und kann es kaum
erwarten,
sie einzulösen. Deine Aufmerksamkeit hat meinen Tag
besonders gemacht. Ich freue mich darauf, dich bald
wiederzusehen!

Alles Liebe,
[Dein Name]
```

↻ Anschlussprompt:

„Ersetze [Name] durch ‚Emma' und [Dein Name] durch
‚Alex'."

" Aktualisierte Version:

```
Liebe Emma,


vielen Dank für die liebevolle Geschenkkarte zu meinem
Geburtstag! Ich habe mich sehr gefreut und kann es kaum
erwarten,
sie einzulösen. Deine Aufmerksamkeit hat meinen Tag
besonders gemacht. Ich freue mich darauf, dich bald
wiederzusehen!

Alles Liebe,
Alex
```

✴ **Du bist dran:** Bitte die KI, etwas für dich zu schreiben –
ein Text, eine Nachricht oder ein Gedicht.

So startest du mit KI

1. ▪ **Tool wählen:** Teste z. B. ChatGPT für Text oder
   DALL·E für Bilder

2. ✦ **Aufgabe wählen:** Fang einfach an – z. B. mit einer
   To-do-Liste

3. ↄ **Prompt schreiben:** Sei klar und präzise

4. ↺ **Feintunen:** Nicht zögern, nachzubessern oder erneut
   zu fragen

   ★ *Tipp: Je mehr Kontext du gibst, desto besser
   das Ergebnis!*

Deine eigene Prompt-Toolbox

Sammle die Prompts, die für dich funktionieren. Lege eine
„Prompt-Bibliothek" auf dem Handy, im Notizbuch oder
digital an.

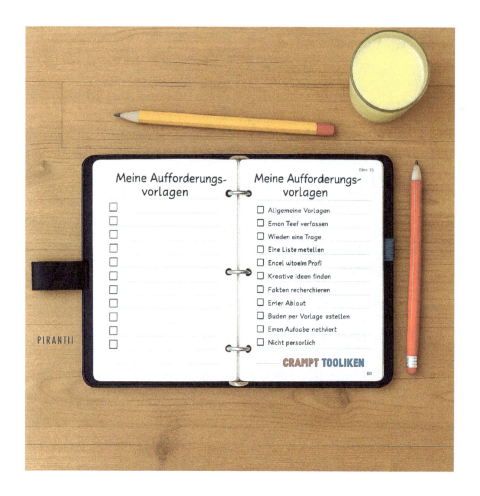

Abbildung: Beispiel für eine persönliche Prompt-Sammlung.

Hier ein paar Vorlagen:

• **Schreiben:** „Verfasse einen [Länge] langen Artikel über [Thema] in einem [Tonfall] für [Zielgruppe]."

• **Zusammenfassen:** „Fasse diesen [Text] in [X] Stichpunkten zusammen."

• **Ideenfindung:** „Liste 10 kreative Ideen für [Ziel/Zielgruppe] auf."

• **Übersetzen:** „Übersetze diesen Text ins [Sprache] in Alltagssprache."

Prompt-Tagebuch: Durch Reflexion lernen

Notiere bei jedem neuen Prompt:

✎ **Eintragen:**

• Den Prompt, den du verwendet hast
• Die Antwort der KI
• Was gut lief – und was nicht
• Was du beim nächsten Mal anders machst

Figur: Ein einfaches Journal hilft dir, Muster zu erkennen und dich zu verbessern.

KI-Mythen entzaubert

Lass uns ein paar typische Irrtümer aus dem Weg räumen:

- ✕ **„KI ist zu kompliziert."**
✓ Wenn du googeln kannst, kannst du prompten.

- ✕ **„KI ersetzt Kreativität."**
✓ KI unterstützt Kreativität – sie ersetzt sie nicht.

- ✕ **„KI hat immer recht."**
✓ Wichtiges immer selbst prüfen. Auch KI kann sich irren.

- ✕ **„KI ist gefährlich."**
✓ Wie jedes Werkzeug – entscheidend ist, wie man es nutzt.

→ Deine erste KI-Challenge

Situation: Du startest einen YouTube-Kanal zum Thema Kochen.

✳ **Aufgabe:**
Bitte die KI um **10 kreative Video-Ideen** für deinen Kanal.

✦ **Beispiel-Prompt:**
„Gib mir 10 kreative Video-Ideen für einen Kochkanal mit dem Fokus auf schnelle, gesunde Rezepte."

↺ **Nachfolge-Prompt:**

„Mach die Liste interessanter, indem du originelle Titel hinzufügst."

⚡ **Bonus-Tipp:** Experimentiere mit:

- Zielgruppe (z. B. Kinder, Berufstätige)
- Tonfall (z. B. humorvoll, lehrreich)
- Format (z. B. Liste, Drehbuchentwurf)

Kurztipps für deinen Erfolg

✓ **Klein anfangen** – Nutze KI für Alltagsaufgaben
✓ **Neugierig bleiben** – Spiel mit Format & Ton
✓ **Oft iterieren** – Der zweite Prompt ist oft besser
✓ **Frag KI um Hilfe** – Auch beim Prompten selbst!

So funktioniert KI (einfach erklärt)

Stell dir eine extrem kluge Autovervollständigung vor. So funktionieren KI-Tools wie ChatGPT – sie sagen mit hoher Wahrscheinlichkeit das nächste Wort voraus.
Basierend auf riesigen Datenmengen aus Büchern, Webseiten und Artikeln.

Aber sie „denken" oder „verstehen" nicht wie Menschen – sie sind einfach sehr gut im Formulieren.

✦ Zusammenfassung

In diesem Kapitel hast du gelernt:

• Was KI ist und wie sie in deinen Alltag passt
• Dass wirklich **jede:r** KI nutzen kann – auch du
• Die Grundlagen des Prompting
• Wie du direkt loslegen kannst – mit Texten, Ideen, Planung und mehr

Fazit: KI ist nicht Zukunftsmusik. Sie ist da – und bereit, dich zu unterstützen.

Vorschau: Prompts meistern

Im nächsten Kapitel lernst du, wie du gezielt mit KI sprichst. Es geht um die Kunst, mächtige Prompts zu formulieren – damit du die Antworten bekommst, die du wirklich brauchst.

Lass uns dein Prompt-Level aufs nächste Level bringen!

Kapitel 2: Die Grundlagen des Promptings meistern

Du hast KI kennengelernt, ihre Möglichkeiten erkundet und vielleicht schon ein paar Prompts ausprobiert. Jetzt ist es an der Zeit, ihr volles Potenzial zu entfalten – indem du lernst, **klar und effektiv mit ihr zu kommunizieren**.

Dieses Kapitel ist dein Schnellkurs im **Prompting** – der Kunst, Anweisungen so zu formulieren, dass KI hilfreiche, kreative und passende Antworten liefert. Denk daran wie an einen neuen Dialekt: Je besser du ihn sprichst, desto stärker werden eure „Gespräche".

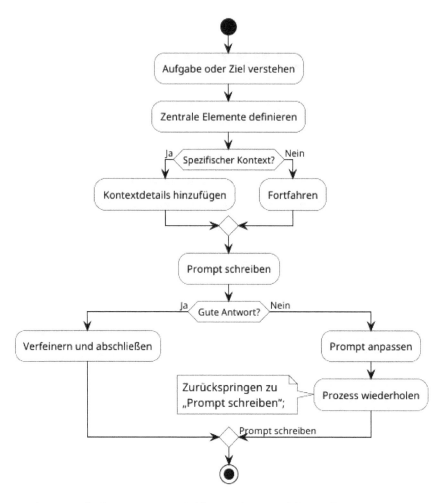

Figur: Schritte zur Entwicklung eines erfolgreichen Prompts.

Ein persönlicher Einblick: Als mein Prompt daneben ging

Das erste Mal bat ich die KI: > „Erstelle eine To-do-Liste."

Die Antwort? > „Aufstehen, Zähne putzen, Frühstücken."

Technisch richtig – aber völlig unbrauchbar.

Dann überarbeitete ich den Prompt:
✦ **„Erstelle eine To-do-Liste mit 5 Punkten zur Vorbereitung einer Wochenendwanderung mit Kindern."**

Plötzlich: relevant, konkret, praktisch. Da wurde mir klar:

> ✳ *Prompting ist eine Fähigkeit – und sie wird mit jeder Interaktion besser.*

Warum Prompts so wichtig sind

Ein gut formulierter Prompt ist wie ein Kompass – die KI weiß, wohin sie soll. Ein unklarer Prompt? Das ist wie eine Schatzsuche ohne Karte.

> ⚡*Die goldene Regel: Je besser dein Prompt, desto besser das Ergebnis.*

Warum KI so reagiert: Sie „denkt" nicht wie ein Mensch, sondern reagiert auf Hinweise in deiner Eingabe. Klare Anweisungen = fokussierte Ausgabe.

★ Prompt Anatomie: Was macht einen guten Prompt aus?

Prompts zu erstellen ist wie klare Anweisungen zu geben. Je besser die Richtung, desto besser das Ergebnis. Gute Prompts vereinen Klarheit, Spezifität, Kontext und den richtigen Ton. Hier sind die Zutaten für präzise und wirkungsvolle Kommunikation mit KI.

Figur: Anatomie eines gut formulierten Prompts – Ziel, Kontext, Ton, Format.

Wichtige Elemente

1. **Klarheit** – Keine Zweideutigkeiten
   ✓ *„Fasse die wichtigsten Ereignisse des Zweiten Weltkriegs in zwei Absätzen zusammen."*

2. **Spezifität** – Details lenken das Ergebnis
   ✓ *„Plane ein vegetarisches Abendessen für vier Personen, das unter 30 Minuten dauert."*

3. **Kontext** – Hintergrundinfos helfen
   ✓ *„Ich schreibe eine Dankeskarte an eine Kollegin, die mir bei einem Projekt geholfen hat."*

4. **Ton & Format** – Stimmung & Ausgabe definieren
   ✓ *„Schreibe einen humorvollen Geburtstags-Toast mit ca. 200 Wörtern."*

¶ Prompt-Bausteine auf einen Blick

Element	Bedeutung	Beispiel
Klarheit	Sei präzise, vermeide Unklarheiten	„Erkläre den Klimawandel in drei kindgerechten Sätzen."
Spezifität	Details eingeben, um die	„Schlage 3 günstige Reiseziele in Europa für eine Familie mit Kleinkindern vor."

Element	Bedeutung	Beispiel
	Richtung zu lenken	
Kontext	Hintergrund und Zweck nennen	„Ich bereite eine Rede für Studienabgänger vor, die in den Arbeitsmarkt starten."
Ton & Stil	Tonfall, Format oder Struktur festlegen	„Formuliere eine freundliche, aber formelle E-Mail zur höflichen Absage eines Vorstellungsgesprächs."

Arten von Prompts (und wann man sie verwendet)

Die Art des Prompts bestimmt den Charakter der KI-Antwort. Je nach Ziel – Anleitung, Ideenfindung, Rollenübernahme, Gespräch oder Reflexion – gibt es verschiedene Stile. So findest du den passenden Prompt-Typ.

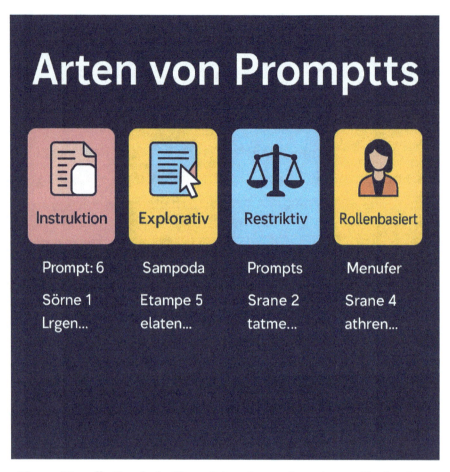

Figur: Visuelle Symbole für anleitende, explorative, rollenbasierte und dialogische Prompts.

■ 1. Anleitende Prompts

Gib der KI eine klare Aufgabe.

> ✦ *„Schreibe eine Kurzgeschichte über einen magischen Baum in einem geheimnisvollen Wald."*

▷ 2. Explorative Prompts

Ideal für Ideenfindung und Kreativität.

> ✦ *„Nenne 10 kreative Mottos für eine Kindergeburtstagsparty."*

♺ 3. Rollenbasierte Prompts

Versetze die KI in eine bestimmte Rolle.

> ✦ *„Stelle dir vor, du bist Reiseberater. Plane eine 3-Tage-Reise nach Rom."*

❝ 4. Gesprächs-Prompts

Für tiefergehende oder aufeinander aufbauende Antworten.

> ✦ *„Was sind die Vorteile einer pflanzenbasierten Ernährung? Kannst du auch die Auswirkungen auf die Umwelt erklären?"*

▷ 5. Reflexive Prompts

Lass die KI etwas analysieren oder verbessern.

> ✦ *„Überprüfe diesen Blogbeitrag und schlage drei Verbesserungen vor, um mehr Leserbindung zu erzeugen."*

¶ Zusammenfassung: Prompt-Typen im Überblick

Typ	Wann verwenden?	Beispiel
Anleitend	Klare Aufgaben, Content-Erstellung	„Fasse die Handlung von ‚Romeo und Julia' in 100 Wörtern zusammen."
Explorativ	Brainstorming, offene Fragen	„Gib mir 5 innovative Produktideen fürs Homeoffice."
Rollenbasiert	Expertenrolle, Perspektivenwechsel	„Als Fitnesstrainer: Stelle einen Trainingsplan für Anfänger zusammen."
Gesprächsartig	Tiefere Einsichten oder iterative Antworten	„Was verursacht Stress? Und wie wirkt er sich auf den Schlaf aus?"

Typ	Wann verwenden?	Beispiel
Reflexiv	Feedback, Optimierung	„Analysiere mein Bewerbungsschreiben und mache es selbstbewusster."

☰ Wie Elemente und Prompt-Typen zusammenspielen

Alle Prompt-Typen – ob anleitend, explorativ oder reflektiv – basieren auf denselben Grundelementen wie Klarheit, Kontext, Ziel und Struktur.

✳ Stil ist das eine – Struktur das andere.

Element	So zeigt es sich in Prompt-Typen
Klarheit	In allen Prompt-Typen unerlässlich – der Kompass.
Kontext	Besonders bei rollenbasierten und reflektiven Prompts wichtig.
Anweisung	Zentral bei anleitenden und gesprächsartigen Prompts.

Element	So zeigt es sich in Prompt-Typen
Beschränkung	In Format-Prompts oder Zusammenfassungen (Länge, Ton etc.).
Ziel/Absicht	Ohne klares Ziel wird das Ergebnis oft diffus.
Beispiele	Grundlage für "Few-Shot"-Prompts: Zeig der KI, was du willst.

⚠ Häufige Fehler beim Prompten

Schon kleine Fehler können zu unbefriedigenden Ergebnissen führen. Hier erfährst du, wie du häufige Stolpersteine erkennst und behebst.

Figur: Häufige Fehler beim Erstellen von Prompts.

✕ Zu vage formuliert

Schlecht: „Hilf mir bei meinem Projekt."
Besser: „Ich bereite eine Präsentation über Klimawandel vor. Nenne drei auffällige Folientitel."

▣ Überladene Prompts

Schlecht: „Erkläre Technikgeschichte, nenne 10 Durchbrüche und prophezeie die KI-Zukunft."
Besser: In Schritte aufteilen:
→ „Erkläre die Geschichte der Technik."
→ „Nenne 10 technologische Durchbrüche."

▷ Kein Kontext

Schlecht: „Schreibe einen Dankesbrief."
Besser: „Schreibe einen Dankesbrief an meine Nachbarin, die während meines Urlaubs meine Blumen gegossen hat."

» Kein Feintuning

Fehler: Erste Antwort direkt übernehmen
Besser: Inhalt oder Ton anpassen:
✦ „Mach das lockerer und kürzer."

¶ Übersicht: Fehler und bessere Alternativen

Fehler	Schlechtes Beispiel	Besseres Beispiel
Zu vage	„Erzähl mir etwas über Geschichte."	„Fasse die wichtigsten Ereignisse der Renaissance in einem Absatz zusammen."
Überladen	„Erkläre, wie ein Auto funktioniert, nenne Teile und Marken."	Aufteilen: „Erkläre, wie ein Motor funktioniert." + „Nenne 5 Automarken."

Fehler	Schlechtes Beispiel	Besseres Beispiel
Kein Kontext	„Verfasse eine E-Mail."	„Schreibe eine professionelle E-Mail als Dank nach einem Vorstellungsgespräch."
Keine Iteration	Erstes Ergebnis wird übernommen	Nachbessern: „Mach es kürzer" oder „Füge mehr Empathie hinzu."

⚡*Prompt-Tipp: Kleine Änderungen können große Wirkung haben.*

✎ Mach mit: Übungen

Lass uns deine Prompting-Skills stärken.

⌂ Übung 1: Wochenendtrip planen

• ✗ Vage: „Plane ein schönes Wochenende."
• ✓ Konkret: „Plane ein Wochenende in New York für zwei Erwachsene. Inklusive Museum, Outdoor-Aktivität & Restaurant."
• ↻ Folgefrage: „Mach den Plan günstiger."

✉ Übung 2: E-Mail schreiben

- ✗ Vage: „Schreib eine E-Mail."
- ✓ Konkret: „Formuliere eine formelle E-Mail an meinen Chef zur Urlaubsanfrage für ein Familienfest."
- ↻ Folgefrage: „Mach sie kürzer und herzlicher."

⚡ Übung 3: Ideen entwickeln

- ✗ Vage: „Gib mir Ideen für ein Projekt."
- ✓ Konkret: „Nenne 5 kreative Experimente für einen Schulwettbewerb mit Haushaltsmaterialien."
- ↻ Folgefrage: „Füge eine Umweltidee hinzu."

✳ **Dein Turn:** Überarbeite einen deiner letzten Prompts mit Klarheit + Kontext + Ton.

↻ Iteration: Das Herz erfolgreichen Promptings

Prompting ist selten beim ersten Versuch perfekt. Der wahre Erfolg kommt durch schrittweises Verfeinern.

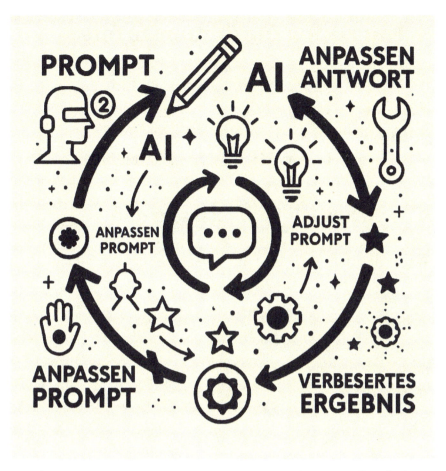

Figur: Prompt → Antwort → Anpassen → Besseres Ergebnis.

✦ Beispiel: Klimawandel

• **Ursprünglich:** „Erkläre den Klimawandel."
• **Verbessert:** „Erkläre den Klimawandel einfach für eine 7. Klasse – mit Ursachen, Folgen und Lösungen."

> ⚡*Der Unterschied liegt in Zielgruppe, Ton und Klarheit.*

✧ Kurztipps für deinen Erfolg

✓ **Klein anfangen** – Eine Aufgabe auf einmal

✓ **Konkret werden** – Kontext, Format, Ton definieren

✓ **Oft verbessern** – Jeder Versuch zählt

✓ **Wie ein Lehrer denken** – Klare Führung hilft der KI

✧ Welches KI-Tool passt zu dir?

Wähle das richtige Tool je nach Ziel. Hier ein Überblick:

Tool	Am besten geeignet für	Stärken
ChatGPT	Schreiben, Ideen, Gespräche	Kreativ, vielseitig, auch für Code hilfreich
DeepSeek	Lange Texte, Forschung	128K Kontext, Dateiuploads, Websuche
Claude	Schreiben, Zusammenfassen, Ethik	Kontextbewusst, „sicherer" im Umgang
Gemini	Recherche, Google-Integration	In Google-Apps integriert, informativ

Tool	Am besten geeignet für	Stärken
Perplexity	Faktenprüfung, aktuelle Infos	KI + Suche mit Quellenangabe
DALL·E	Bildgenerierung	Text → Bild (Teil der OpenAI-Suite)
DeepAI	Schnelle Prototypen, einfache Aufgaben	Viele APIs für Text & Bilder

✓ *Tipp: Tools sind wie Pinsel – je nach Aufgabe ist ein anderer besser geeignet.*

❖ **Wo du diese KI-Tools findest:**

Tool	Link zur offiziellen Seite
ChatGPT	chat.openai.com
DeepSeek	deepseek.com
Claude	claude.ai
Gemini	gemini.google.com
Perplexity	perplexity.ai

Tool	Link zur offiziellen Seite
DALL·E	openai.com/dall-e
DeepAI	deepai.org

✎ Hinweis: Für einige Plattformen benötigst du einen kostenlosen Account.

✧ Zusammenfassung

In diesem Kapitel hast du gelernt:

• Wie ein guter Prompt aufgebaut ist
• Welche fünf Prompt-Typen es gibt
• Welche Fehler zu vermeiden sind – und wie
• Warum Verfeinerung der Schlüssel zum Erfolg ist

Fazit: Prompting ist die Brücke zwischen deiner Idee und der KI-Antwort. Je klarer du baust, desto besser kommst du an.

Vorschau: Prompting im Alltag

Im nächsten Kapitel wendest du dein Wissen auf echte Szenarien an – von Reiseplanung bis Kreativprojekten.

Jetzt geht's ans Eingemachte.

Kapitel 3: KI bei echten Projekten einsetzen

Du bist bis hierher gekommen – das heißt, du kannst bereits effektiv mit KI kommunizieren. Doch Prompts allein verändern nicht dein Leben. Entscheidend ist, **wie** du sie anwendest. In diesem Kapitel geht es darum, die Brücke von der Theorie zur Praxis zu schlagen.

Ob du eine Geburtstagsparty planst, dein Leben organisieren willst oder einfach etwas mehr Kreativität in deinen Alltag bringen möchtest – KI kann dir helfen, schneller und stressfreier ans Ziel zu kommen. Stell dir vor, du hättest eine digitale Unterstützung, die nie schläft.

Lass uns erkunden, wie du diese Unterstützung im echten Leben einsetzen kannst.

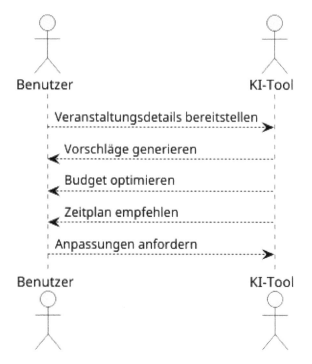

Figur: KI hilft bei der Planung realer Projekte wie Veranstaltungen.

Ein persönlicher Einblick: Von überfordert zu organisiert

Wir kennen es alle – To-do-Listen, Termine, Erwartungen. Für mich war die Eventplanung immer stressig. Zu viele Entscheidungen, zu wenig Klarheit.

Das änderte sich, als ich KI ausprobierte. Anfangs war die Antwort vage – genauso wie meine Anfrage. Doch je besser ich lernte, mit der KI zu „sprechen", desto klarer wurden die

Ergebnisse. Plötzlich hatte ich das Gefühl, einen Co-Piloten an meiner Seite zu haben, der aus Chaos Struktur macht.

Diese Geschichte ist kein Beispiel für Perfektion, sondern für Fortschritt. In diesem Kapitel zeige ich dir, wie KI im Alltag wirklich helfen kann – mit deiner Anleitung.

> ★ *Prompt-Bausteine*
> *Ein guter Prompt enthält oft:*
> *– Für wen ist die Aufgabe?*
> *– Was soll gemacht werden?*
> *– Einschränkungen (z. B. Zeit, Budget)?*
> *– Gewünschtes Format (Liste, Schritt-für-Schritt etc.)*
>
> *Wenn das erste Ergebnis nicht passt – kein Stress. Prompting ist ein Prozess. Verfeinern gehört dazu!*

Veranstaltungen mit KI planen

Veranstaltungen zu organisieren kann schnell überwältigend werden. Details türmen sich auf, Deadlines verschwimmen, der Stress steigt. KI kann hier ein echter Helfer sein – nicht nur für Ideen, sondern auch zur Strukturierung.

Warum KI hier funktioniert: Sie kann große, unstrukturierte Anfragen in klare Pläne umwandeln. Sie zieht aus unzähligen Beispielen das Passende heraus – und passt es deiner Situation an.

Ob Kindergeburtstag oder Wochenendtrip – ein guter Prompt ist der Startpunkt für die ganze Planung.

Figur: Beispielprompt für eine Superhelden-Geburtstagsparty.

Beispiel 1: Geburtstagsparty planen

✦ **Prompt:**

„Plane eine Geburtstagsparty für ein 10-jähriges Kind mit Superhelden-Motto. Nenne Ideen für Deko, Spiele, Kuchendesign und Mitgebsel."

❝ **KI-Antwort:**

• **Deko:** Luftballons, Banner, Tischdecken mit Superheldenmotiven
• **Spiele:** „Rette die Stadt"-Schnitzeljagd, Superhelden-Quiz, Kostümwettbewerb
• **Kuchen:** Zwei Etagen, geformt wie ein Superhelden-Emblem
• **Mitgebsel:** Mini-Capes, Masken, kleine Comics

↺ **Nachfolgeprompt:**

„Erstelle einen Zeitplan für eine 3-stündige Party."

✷ **Du bist dran:** Planst du ein Event? Wie sähe dein erster Prompt aus?

Beispiel 2: Wochenendtrip planen

✦ **Prompt:**

„Plane einen 2-tägigen Wochenendtrip für zwei Erwachsene in eine ruhige Küstenstadt. Inklusive Unterkunft, Aktivitäten und Essensmöglichkeiten."

" KI-Antwort:

• **Unterkunft:** Gemütliches Strandhäuschen mit Meerblick
• **Aktivitäten:** Morgens Yoga am Strand, Bootstour, Galeriebesuch
• **Essen:** Meeresfrüchte im Hafenrestaurant, danach Eis aus der lokalen Manufaktur

↺ **Nachfolgeprompt:**
„Füge Alternativen bei schlechtem Wetter hinzu."

Tipps für Event-Prompts

• **Sei konkret:** Thema, Gäste, Budget nennen

• **Alternativen erfragen:** „Nenne drei Optionen für ..."

• **Zeitplan anfordern:** „Erstelle einen Ablauf für 3 Stunden"

Persönliche Ziele und Aufgaben managen

Das Leben ist schnell – und persönliche Ziele rücken oft in den Hintergrund. Stell dir vor, du hättest eine digitale Unterstützung, die dich organisiert und motiviert.

Warum KI hier funktioniert: Sie zerlegt große Ziele in kleine Schritte. Mit den richtigen Prompts entstehen übersichtliche, motivierende Pläne.

Figur: KI erstellt einen Fitness- oder Budgetplan.

Beispiel 1: Fitnessziel formulieren

✦ **Prompt:**

„Erstelle einen 4-wöchigen Trainingsplan für Anfänger, zu Hause. Inklusive Cardio, Krafttraining und Dehnen."

↺ **Nachfolgeprompt:**

„Füge Ruhetage und Motivationstipps hinzu."

Beispiel 2: Haushaltsbudget erstellen

✦ **Prompt:**
„Hilf mir, ein Monatsbudget für einen 600€ Haushalt zu erstellen. Priorität: Sparen, Miete, Strom, Lebensmittel."

↺ **Nachfolgeprompt:**
„Füge Kategorien für Freizeit & Transport hinzu."

✳ **Du bist dran:** Welches Ziel schiebst du auf? Formuliere es als klaren Prompt.

Tipps für Ziel-Prompts

• **Prioritäten benennen:** z. B. Gesundheit, Finanzen

• **Einschränkungen angeben:** Zeit, Geld, Ressourcen

• **Schritt-für-Schritt anfordern:** „Erstelle einen Wochenplan" o. Ä.

Kreative Ideen entwickeln

Kreativität ist nicht nur für Künstler. Jeder, der Probleme löst oder Neues ausprobiert, ist kreativ. Doch manchmal fehlt einfach die Inspiration.

Warum KI hier funktioniert: Sie liefert in Sekunden viele Ideen – frei von Wertung oder Blockaden.

Figur: KI liefert Ideen für Storys oder Kunstprojekte.

Beispiel 1: Geschichte schreiben

✦ **Prompt:**
„Ich möchte eine Kurzgeschichte über eine futuristische Stadt schreiben. Nenne Ideen für Hauptfigur, Ort & Konflikt.“

↻ **Nachfolgeprompt:**
„Füge eine überraschende Wendung & eine Moral hinzu.“

Beispiel 2: DIY-Projekte fürs Zuhause

✦ **Prompt:**
„Schlage drei einfache DIY-Projekte für die Wohnzimmerdekoration mit kleinem Budget vor."

↺ **Nachfolgeprompt:**
„Füge ungefähre Kosten & benötigtes Material hinzu."

✳ **Dein Projekt:** Welches Vorhaben liegt schon lange in der Schublade?

Tipps für kreative Prompts

• **Originalität fördern:** „Denke außerhalb des Rahmens"

• **Interessen kombinieren:** „Plane einen Urlaub mit Wandern + Kunst + Kulinarik"

• **Trends anfragen:** „Was sind die Trends in nachhaltiger Deko?"

Alltagsprobleme mit KI lösen

Oft sind es die kleinen Dinge, die nerven – kaputte Geräte, chaotischer Kalender oder Unproduktivität.

Warum KI hier funktioniert: Sie kennt tausende solcher Szenarien – und liefert schnell praktikable Lösungsansätze.

Figur: Prompt zur Diagnose eines Haushaltsproblems.

Beispiel 1: Haushaltsgerät reparieren

✦ **Prompt:**

„Meine Waschmaschine macht beim Schleudern laute Geräusche. Woran kann das liegen und was kann ich tun?"

↻ **Nachfolgeprompt:**

„Welche Werkzeuge brauche ich dafür?"

Beispiel 2: Fokus im Homeoffice

✦ **Prompt:**

„Wie bleibe ich konzentriert, wenn ich im Homeoffice leicht abgelenkt werde?"

↻ **Nachfolgeprompt:**

„Erstelle einen Tagesplan mit Pomodoro-Technik."

⚡ **Fehlerquelle:** Vage Prompts wie „Hilf mir, produktiver zu werden". Kontext und Einschränkungen bringen bessere Ergebnisse.

Prompt-Bausteine im Überblick

Bestandteil	Beschreibung
Ziel	Was soll die KI tun?
Rolle	In welcher Funktion soll sie agieren?

Bestandteil	Beschreibung
Kontext	Hintergrundinfos
Stil	Ton, Format, Tiefe
Grenzen	Zeit, Budget, Tools etc.

Tipps für Problemlöse-Prompts

• **Problem genau beschreiben**

• **Lösungen Schritt für Schritt anfordern**

• **Verfügbare Ressourcen nennen**

Schnelle Übungen

Probiere eigene Prompts für folgende Szenarien:

• Plane einen Roadtrip für 4 Personen mit Route, Aktivitäten &
Spartipps
• Erstelle einen Essensplan für gesunde, schnelle Abendessen
• Ideen für mehr Platz in einer kleinen Wohnung
• 1-Wochen-Lernplan für ein neues Thema (z. B. Fotografie,
Excel, Backen)
• Tägliche Journaling-Prompts für Achtsamkeit

* **Challenge:** Wähle einen Prompt und verfeinere ihn dreimal – beobachte, wie sich das Ergebnis verändert.

✧ Zusammenfassung

In diesem Kapitel hast du gelernt, wie du Prompts im Alltag praktisch einsetzen kannst – von Eventplanung und Zielen bis hin zu Kreativität und Problemlösung.

Je klarer du fragst, desto besser wird die Antwort. Sieh KI als deinen persönlichen Assistenten – bereit, zu helfen, wenn du weißt, wie du fragst.

Fazit: Je klarer dein Ziel, desto besser das Ergebnis.

Vorschau: Mit KI lernen & wachsen

Im nächsten Kapitel geht es darum, wie KI dich beim Lernen unterstützt – ob Sprache, neue Fähigkeiten oder Karriere. KI wird dein persönlicher Coach – genau so, wie du ihn brauchst.

Kapitel 4: Mit KI lernen und sich weiterentwickeln

In unserer schnelllebigen Welt sind Neugier und kontinuierliches Lernen unerlässlich. Ob du eine neue Sprache lernen, ein Hobby beginnen oder beruflich vorankommen willst – KI kann dein persönlicher Tutor, Coach oder Mentor sein.

❖ **Dieses Kapitel zeigt dir, wie du mit KI Wissen aufbauen und Fähigkeiten entwickeln kannst – flexibel, unterhaltsam und individuell angepasst.**

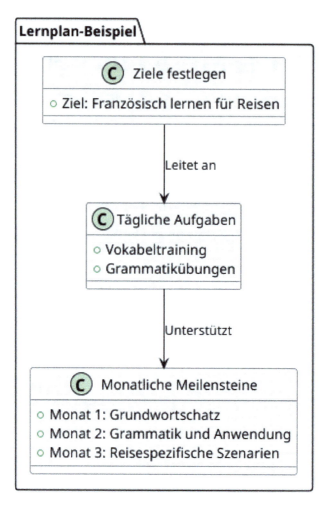

Figur: Komponenten eines personalisierten KI-gestützten Lernplans.

Ein persönlicher Einblick: Französisch lernen ohne Angst

Ich wollte schon immer Französisch lernen – doch Grammatikregeln und Aussprache machten mir Angst. Eines Tages fragte ich eine KI:

✦ **Prompt:** „Bring mir 10 einfache französische Redewendungen für Reisen bei."

❝ Die Antwort: Redewendung, Aussprache und Anwendung – alles dabei.

↺ **Nachfolgeprompt:** „Mach daraus ein Quiz."

Plötzlich machte Lernen Spaß – und fühlte sich machbar an. Mit KI konsumierst du nicht nur Wissen, du **interagierst** damit.

Sprachen lernen mit KI

★ Dein Smartphone oder Laptop kann mit KI zum Sprachlehrer werden. Vom Vokabular bis zur Kultur – alles auf deinem Niveau und Tempo.

Eine neue Sprache zu lernen kann herausfordernd sein – KI macht den Prozess ansprechender und persönlicher.

Figur: Prompts und Ausgaben zum Wortschatz und Alltagsdialog.

✎ Beispiel 1: Wortschatz aufbauen

✦ **Prompt:** „Hilf mir, 10 französische Wörter zum Thema Essen zu lernen. Gib jeweils das Wort, die Aussprache und einen Beispielsatz an."

↺ **Nachfolgeprompt:** „Erstelle daraus Karteikarten im Quiz-Format, um das Gelernte zu üben."

✎ Beispiel 2: Dialoge üben

✦ **Prompt:** „Erstelle einen kurzen Dialog auf Französisch zwischen zwei Freunden, die sich in einem Café treffen. Bitte mit Übersetzung ins Deutsche."

↺ **Nachfolgeprompt:** „Füge kulturelle Tipps für Bestellungen in französischsprachigen Cafés hinzu."

⚡ **Prompt-Tipp:** Gib immer den Nutzungskontext an, z. B. „für Reisen", „für den Beruf" oder „für Alltagssituationen".

✶ **Überlege:** Welche Sprache wolltest du schon immer lernen, aber hast dich bisher nicht getraut?

✓ Tipps für Sprachlern-Prompts

• **Ziele setzen:** Fokus auf Wortschatz, Grammatik oder Dialog

• **Beispiele anfordern:** Für echten Sprachgebrauch

• **Aussprache erfragen:** Mit Lautschrift oder Hörbeispielen

★ Noch tiefer eintauchen:

„Verhalte dich wie ein Sprachcoach. Erstelle eine 30-Tage-Challenge mit Sprech-, Hör-, Schreib- und Wiederholungsübungen."

Neue Hobbys mit KI entdecken

★ Neues auszuprobieren wirkt oft wie ein Berg. KI macht den Weg flacher – mit Anleitungen, Checklisten und Ideen passend zu deinem Niveau.

Du willst etwas Neues beginnen, weißt aber nicht, wie? KI hilft dir beim Einstieg und motiviert dich zum Dranbleiben.

- Lerne, wie du an einem Kreis häkelst, um zu beginnen.
- Häkle in festen Maschen und benutze luftmaschen, um die Runde auf die gewünschte Höhe zu vergrößern.
- Verwende einen Maschenmarkierer zum Helfen.

- Häkle in festen Maschen und benutze luftmaschen, um die Runde auf die gewünschte Höhe zu vergrößern.
- Schneide den Faden ab, um das Projekt fertigzu-

Figur: Prompts für einsteigerfreundliche Hobbys und Tutorials.

✎ Beispiel 1: Fotografie lernen

✦ **Prompt:** „Ich bin Anfänger in Fotografie. Erkläre mir Blende, Belichtungszeit und ISO."

↺ **Nachfolgeprompt:** „Schlage 3 Foto-Challenges für dieses Wochenende vor."

✎ Beispiel 2: Gartenarbeit starten

✦ **Prompt:** „Hilf mir, ein Gemüsebeet auf kleinem Raum anzulegen. Welche Sorten eignen sich für Anfänger? Hast du Tipps zur Pflege?"
↺ **Nachfolgeprompt:** „Erstelle einen Pflanzkalender passend zu meiner Klimazone."

⚡ **Prompt-Tipp:** Interessen + Einschränkungen kombinieren. Beispiel: „Nenne kreative Indoor-Hobbys für den Winter."

✳ **Überlege:** Welches Hobby würdest du starten, wenn du von Anfang an begleitet würdest?

✓ Tipps für Hobby-Prompts

• **Sei konkret:** Nenne dein Level oder Ziel

• **Schritt-für-Schritt-Guides anfordern**

• **Nach Anfängerfehlern fragen:** „Was sollte man vermeiden?"

★ **Noch tiefer eintauchen:**
„Verhalte dich wie ein DIY-Coach. Erstelle einen 4-Wochen-Plan für Anfänger mit Themen & Challenges."

Beruflich weiterkommen mit KI

★ Ob Beförderung, Branchenwechsel oder bessere Kommunikation – KI hilft dir, professionell zu wachsen.

Sie unterstützt beim Formulieren, Präsentieren und Auftreten – mit gezieltem, individuellem Feedback.

Figur: Prompts für E-Mails, Bewerbung & neue Skills.

✎ Beispiel 1: Professionelle E-Mails schreiben

✦ **Prompt:** „Bring mir bei, wie man professionelle E-Mails schreibt. Beispiel: Follow-up nach Bewerbungsgespräch."
↻ **Nachfolgeprompt:** „Mach sie enthusiastischer & passe sie für eine Marketingstelle an."

✎ Beispiel 2: Rede vorbereiten

✦ **Prompt:** „Hilf mir bei einer 5-minütigen Präsentation zum Thema Zeitmanagement. Gib Kernpunkte & Tipps für Spannung."
↻ **Nachfolgeprompt:** „Erstelle Sprechernotizen & Folienstruktur."

⚡ **Prompt-Tipp:** Gib der KI eine Rolle. Beispiel: „Verhalte dich wie ein Personaler und bewerte meinen Lebenslauf."

✸ **Überlege:** Welche berufliche Fähigkeit hast du seit Monaten auf deiner Liste?

✓ Tipps für Karriere-Prompts

• **Ziel klar formulieren:** z. B. „Bessere Präsentationen halten"

• **Übungsszenarien anfordern:** Rollenspiele, Textproben

• **Feedback einholen:** „Wie kann ich das verbessern?"

★ **Noch tiefer eintauchen:**
„Verhalte dich wie ein Verhandlungscoach. Zeig mir 3 Strategien zur Gehaltsverhandlung mit Übungsdialog."

Dranbleiben mit KI als Motivation

★ Wenn der Alltag dich ablenkt, kann KI wie ein digitaler Motivationscoach agieren – mit Struktur und kleinen Impulsen.

Sie erstellt Pläne, Checklisten oder motivierende Nachrichten – genau wenn du sie brauchst.

Figur: KI strukturiert Ziele & Gewohnheiten.

✎ Beispiel 1: Lernplan erstellen

✦ **Prompt:** „Erstelle einen 6-Wochen-Plan zum Einstieg in Grafikdesign."

↻ **Nachfolgeprompt:** „Füge wöchentliche Meilensteine & motivierende Zitate hinzu."

✎ Beispiel 2: Aufschieberitis überwinden

✦ **Prompt:** „Ich prokrastiniere viel. Wie bleibe ich fokussiert & produktiv?"

↻ **Nachfolgeprompt:** „Mach daraus eine ausdruckbare Tages-Checkliste."

⚡ **Prompt-Tipp:** Routinen & Erinnerungen anfordern – z. B. „Erstelle ein tägliches Produktivitätsritual."

✴ **Überlege:** Was motiviert dich – Struktur, Lob oder messbare Ergebnisse?

✓ Tipps für Motivations-Prompts

• **Ehrlich sein:** Sag, wo du hängst

• **Checklisten anfragen:** Ziele in kleine Schritte zerlegen

• **Ermutigung einbauen:** Affirmationen, Zitate oder Tagesroutinen

★ **Noch tiefer eintauchen:**
„Verhalte dich wie ein Motivationscoach. Sende mir wöchentliche Mails mit Tipps, um mein Ziel zu erreichen."

✳ Schnelle Übungen

Probiere eigene Prompts für diese Szenarien:

- Grundlagen des Strickens lernen
- Tagesroutine für Beruf & Familie entwickeln
- 5-km-Lauf in 8 Wochen vorbereiten
- Achtsamkeit üben mit täglichem Reflexions-Prompt
- 30-Tage-Challenge für neue Fähigkeit erstellen

✦ Zusammenfassung

In diesem Kapitel hast du gesehen, wie KI dein persönliches Wachstum unterstützt:

- Sprachen lernen wird interaktiv & motivierend
- Neue Hobbys starten mit klaren Anleitungen
- Karriereziele erreichst du mit gezieltem Input
- Motivation bleibt dank Struktur und Inspiration erhalten

Fazit: Du bringst das Ziel – KI bringt die Struktur.

Vorschau: Kreativität freisetzen

Im nächsten Kapitel geht es um Kreativität – mit KI Geschichten schreiben, Bilder entwerfen oder Musik komponieren.

Bereit, deinen Ideen freien Lauf zu lassen?

Kapitel 5: Mit KI Kreativität freisetzen

Kreativität ist nicht nur etwas für Künstler oder Schriftsteller – sie steckt in jedem von uns. Egal ob du Geschichten schreiben, Musik komponieren, digitale Kunst erschaffen oder einzigartige Ideen entwickeln möchtest – KI kann dein kreativer Partner sein.

❖ **Mit den richtigen Prompts ersetzt KI nicht deine Kreativität – sie spiegelt und erweitert sie.**

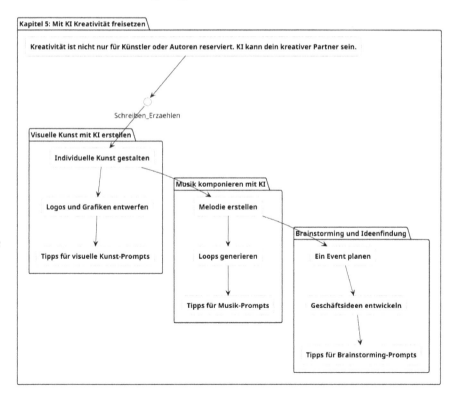

Figur: Übersicht kreativer Möglichkeiten, die in diesem Kapitel behandelt werden.

Ein persönlicher Einblick: KI als Co-Autorin wider Erwarten

Beim ersten Mal, als ich ChatGPT bat, mir beim Schreiben einer Kurzgeschichte zu helfen, war ich skeptisch. Ich gab ihr einen unfertigen Absatz und fragte:

✦ **Prompt:** „Kannst du den nächsten Teil im selben Ton schreiben?"

❝ Was zurückkam, war mehr als erwartet – es passte zu meinem Stil und brachte eine überraschende Wendung.

↺ Ich forderte Alternativen, passte den Stil an – und plötzlich hatte ich einen vollständigen Entwurf.

✳ **Fazit:** KI erledigt nicht die Arbeit für dich – sie bietet dir mehr Material, mit dem du arbeiten kannst.

Die Kraft kreativer Prompts nutzen

★ Kreativität braucht Antrieb – und Prompts sind der Zündfunke. Je klarer und spezifischer dein Prompt, desto näher kommt die KI deiner Vision – und bringt dich vielleicht sogar auf neue Ideen.

Figur: Wie Prompt-Spezifität kreative KI-Ausgaben beeinflusst.

✓ Tipps für kreative Prompts

• **Sei konkret:** Genre, Ton oder Thema benennen (z. B. „Ein spannender Thriller-Auftakt")

• **Fordere Varianten:** Lass dir mehrere Versionen liefern

• **Kombiniere Ideen:** z. B. „Im Stil von Van Gogh + Sci-Fi-Architektur"

⚡ **Prompt-Tipp:** Verwende Phrasen wie „Stell dir vor..." oder „Im Stil von...", um die kreative Linse der KI zu weiten.

✳ **Überlege:** Welche kreative Idee hast du bisher zurückgehalten? Lass KI dir helfen, sie zu formen.

Geschichten erzählen mit KI

KI-Tools wie ChatGPT können bei Storyideen, Figuren, Welten oder Plot-Twists unterstützen. Du bleibst der Autor – nur mit einem superschnellen Schreib-Buddy.

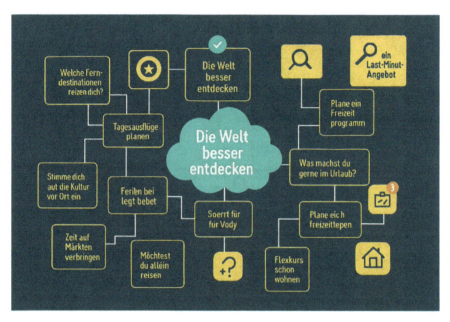

Figur: Mystery-Outline oder fiktive Welt mit KI erstellen.

✎ Beispiel 1: Story-Ideen generieren

✦ **Prompt:** „Schlage drei einzigartige Kurzgeschichten mit Zeitreisen vor."

↻ **Nachfolgeprompt:** „Erstelle aus Idee 2 eine Zusammenfassung mit überraschender Wendung."

✎ Beispiel 2: Plot-Struktur entwickeln

✦ **Prompt:** „Erstelle die Handlung eines Krimis rund um ein gestohlenes Gemälde."

↻ **Nachfolgeprompt:** „Füge Charakterentwicklungen & eine Nebenhandlung mit Verrat hinzu."

★ **Noch tiefer eintauchen:**
„Schreibe eine Szene, in der der Schurke erkennt, dass er falsch lag – ohne die Wendung direkt zu verraten."

> ⌨ *„Ich habe mit KI eine Geistergeschichte in einer verlassenen Spielhalle geschrieben. Die KI beendete meine Szene und lieferte ein besseres Ende, als ich selbst gedacht hätte. Ich habe es übernommen und die Geschichte veröffentlicht!"*

Visuelle Kunst mit KI erschaffen

Du musst nicht zeichnen können, um etwas Wunderschönes zu gestalten. Tools wie **DALL·E**, **Midjourney** oder **Bing**

Image Creator verwandeln Texte in Bilder – Stil, Stimmung, Farben: alles steuerbar über deinen Prompt.

Figur: KI-Kunst basierend auf surrealistischen Landschafts-Prompts.

✎ Beispiel 1: Eigene Kunst designen

✦ **Prompt:** „Erschaffe eine surreale Landschaft mit schwebenden Inseln, leuchtendem Sonnenuntergang und einem Wasserfall, der in den Himmel fließt."

↺ **Nachfolgeprompt:** „Nutze Aquarellstil & gestalte es als Poster."

✓ Tipps für visuelle Prompts

• **Szene beschreiben:** Stimmung, Farben, Komposition

• **Stil nennen:** z. B. „Im Stil von Monet" oder „Cyberpunk im 90er-Anime-Stil"

• **Variieren:** Farben, Perspektiven oder Formate anpassen

⚡ **Prompt-Tipp:** Nutze Begriffe wie „vertikales Poster", „isometrische Spielekarte" oder „Kinderbuch-Illustration".

✳ **Überlege:** Welches Bild trägst du schon lange im Kopf – aber konntest es nie umsetzen?

Musik komponieren mit KI

KI-Musikgeneratoren wie **AIVA**, **Amper** oder **Soundraw** erstellen Melodien basierend auf Stimmung, Rhythmus oder Genre – perfekt für Kreative, Content-Creator oder einfach Musikliebhaber.

Figur: Einfache Melodie mit KI-Tool erstellen.

✎ Beispiel 1: Eine Melodie erschaffen

✦ **Prompt:** „Komponiere eine fröhliche Klaviermelodie für ein Kinderlied."

↺ **Nachfolgeprompt:** „Mache eine langsamere Version als Schlaflied."

✓ Tipps für Musik-Prompts

• **Stimmung definieren:** Energetisch, ruhig, geheimnisvoll, romantisch

• **Instrumente wählen:** Geige, Lo-Fi-Beats, Akustikgitarre usw.

• **Format anfordern:** Audio, Notenblatt oder MIDI-Datei

★ **Noch tiefer eintauchen:**
„Komponiere ein 20-sekündiges Intro für einen Podcast im futuristisch-freundlichen Stil."

Ideen entwickeln und brainstormen

Kreative Blockade? KI ist eine endlose Ideenmaschine. Egal ob du schreibst, designst, erfindest oder gründest – KI bringt dich weiter.

Figur: Ideen für Side Hustles, Erfindungen oder Content mit KI.

✎ Beispiel 1: Business-Ideen entwickeln

✦ **Prompt:** „Schlage innovative Nebenjobs für jemanden mit Kochleidenschaft vor."
↺ **Nachfolgeprompt:** „Formuliere pro Idee einen kurzen Pitch."

⚡ **Prompt-Tipp:** Fordere „praktische" und „verrückte" Ideen – so findest du Inspiration auf beiden Seiten.

✓ Tipps fürs Brainstorming

• **Parameter setzen:** Budget, Zielgruppe, Zeit

• **Wortspiele nutzen:** Frage nach Reimen, Metaphern, Slogans

• **Grenzen sprengen:** „Wie sähe das in der Zukunft aus?"

✶ **Überlege:** Welche Idee hast du im Kopf – und KI könnte sie realisieren helfen?

✦ Bonus: Humor einbauen

✦ **Prompt:** „Schreibe einen Trennungsbrief von einem Roboter an seinen Toaster – emotional & poetisch."
❝ Perfekt, um die verspielte Seite der KI zu entdecken.

✳ Schnelle Übungen

Teste diese kreativen Prompts:

• Verfasse ein Haiku über den Jahreszeitenwechsel
• Entwerfe ein Poster für eine Umweltkampagne
• Erstelle ein Rezept mit nur fünf Zutaten
• Sammle Ideen zur Dekoration deines Homeoffice
• Erzeuge ein kurzes Gedicht oder einen Slogan
• Finde Aktivitäten fürs Wochenende bei Regen
• Lass dir eine Gute-Nacht-Geschichte mit Tier, Wald & Rätsel
erzählen

✧ Zusammenfassung

In diesem Kapitel hast du gesehen, wie KI deine kreativen
Projekte bereichern kann – von Text über Bild und Ton bis zur
Ideenfindung.

Fazit: Du bist der Visionär – KI ist dein Verstärker.

Vorschau: Dinge erledigen mit KI

Im nächsten Kapitel geht es von der Vorstellung zur
Umsetzung. Du lernst, wie du mit KI Zeit managst, Aufgaben
organisierst und deine Workflows optimierst.

Kapitel 6: Mit KI produktiver werden

Produktiv zu bleiben fühlt sich heute oft an wie ein Zirkus mit drei Manegen: Arbeit, Alltag, persönliche Ziele – alles zieht an deiner Aufmerksamkeit.

Aber was wäre, wenn du einen ruhigen, zuverlässigen Assistenten hättest, der dir hilft, zu planen, zu priorisieren und fokussiert zu bleiben?

❖ **In diesem Kapitel lernst du, wie KI Chaos in Klarheit verwandeln kann – mit einem smarten Prompt nach dem anderen.**

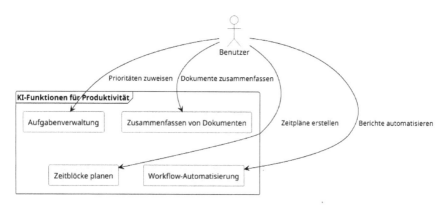

Figur: Wie KI bei Planung, Priorisierung und Zielsetzung unterstützt.

Ein persönlicher Einblick: Mein produktiver Montagmorgen

Montags fühlte ich mich oft überfordert. Die To-do-Liste war chaotisch – ich wusste nicht, womit ich anfangen sollte. Dann tippte ich eines Morgens bei ChatGPT:

✦ **Prompt:** „Organisiere meinen Tag. Ich muss einen Bericht fertigstellen, habe um 11 Uhr ein Meeting und will das Abendessen planen."

❝ Der Tagesplan war klar, realistisch und sogar mit Zeit für einen Spaziergang.

↺ **Nachfolgeprompt:** „Füge Zeitangaben und eine Mittagspause ein."

✳ **Fazit:** Seitdem ist KI mein täglicher Starthelfer – mit mehr Struktur und weniger Stress.

Aufgabenmanagement und Priorisierung

★ Wenn dich deine To-do-Liste erschlägt, hilft KI dabei, sie in Prioritäten zu zerlegen und realistisch zu strukturieren.

Figur: Aufgaben in kleine Schritte zerlegen und priorisieren.

✎ Beispiel 1: Tagesliste erstellen

✦ **Prompt:** „Hilf mir, meine Aufgaben für heute zu organisieren: Bericht abschließen, Team-Meeting, Abendessen planen."

↻ **Nachfolgeprompt:** „Füge Zeitangaben und Pausen ein."

⚡ **Prompt-Tipp:** Nutze: „Sortiere nach Dringlichkeit und Wichtigkeit", um den Fokus zu schärfen.

✓ **Best Practice:** Nenne dein Zeitfenster – das verbessert die Planung.

> ❝Viele nutzen Notion AI oder Google Tasks mit KI-Plugins, um Aufgaben automatisch nach Deadline und Energielevel zu sortieren.

Zeitmanagement und Tagesstruktur

★ KI ist großartig im „Time Blocking" – also beim Strukturieren von Arbeitsblöcken, Pausen und Kommunikation.

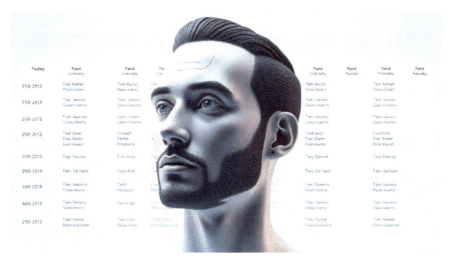

Figur: Beispiel-Zeitplan mit Fokus- & Ruhephasen.

✎ Beispiel 2: Fokuszeit einplanen

✦ **Prompt:** „Plane meinen Tag mit 4 Stunden ungestörter Projektarbeit, Zeit für E-Mails und Pausen."

↻ **Nachfolgeprompt:** „Passe es für Remote-Arbeit mit Kindern zu Hause an."

⚡ **Prompt-Tipp:** Wunschformat angeben, z. B. „Pomodoro-Blöcke" oder „Minimiere Aufgabenwechsel".

✴ **Überlege:** Wann bist du am produktivsten? Morgens, mittags oder abends?

★ **Noch tiefer eintauchen:**
„Verhalte dich wie ein Produktivitätscoach. Erstelle mir einen Wochenplan mit Fokus, Familie & Selbstfürsorge."

Notizen und Zusammenfassungen

★ Wenn deine Notizen wie Spaghetti wirken, formt KI daraus klar strukturierte Stichpunkte oder prägnante Zusammenfassungen.

Figur: Von unübersichtlichen Notizen zu umsetzbaren Aufgaben.

✎ Beispiel 3: Meetings zusammenfassen

✦ **Prompt:** „Fasse diese Meeting-Notizen in konkrete To-dos zusammen…"

↺ **Nachfolgeprompt:** „Erstelle daraus eine Checkliste mit Fristen."

⚡ **Prompt-Tipp:** Fordere: „3 Kernaussagen" oder „Zusammenfassung in unter 100 Wörtern."

✓ **Best Practice:** Bitte die KI, Entscheidungen, offene Fragen und Aufgaben zu extrahieren – ideal für Klarheit nach Meetings.

> ❝*Viele Profis nutzen Otter.ai, um Besprechungen zu transkribieren und automatisch Aufgaben zu extrahieren.*

E-Mail- und Kommunikationshilfe

★ Du ringst mit dem richtigen Ton? KI hilft dir, professionell und menschlich zu klingen – ohne Grübeln.

Figur: Ton und Klarheit in der Kommunikation verbessern.

✎ Beispiel 4: Höfliche E-Mail verfassen

✦ **Prompt:** „Schreibe eine höfliche E-Mail an eine Kollegin mit der Bitte um ein Update zum Projektzeitplan."
↻ **Nachfolgeprompt:** „Mach den Ton freundlicher und frage, wie ihr Wochenende war."

⚡ **Prompt-Tipp:** Ton angeben, z. B. „Locker, aber professionell" oder „Kurz & direkt".

✱ **Überlege:** Für welche Art E-Mails brauchst du am meisten Zeit? Lass KI dir den Entwurf erleichtern.

Langfristige Ziele strukturieren

★ Große Ziele können überwältigen. KI hilft, sie in Schritte zu unterteilen, Fortschritt zu tracken und motiviert zu bleiben.

Figur: SMART-Ziele mit KI entwickeln.

✎ Beispiel 5: SMART-Ziel setzen

✦ **Prompt:** „Hilf mir, ein SMART-Ziel zu formulieren: 10 Kilo in 3 Monaten abnehmen."
↺ **Nachfolgeprompt:** „Füge wöchentliche Check-ins und motivierende Zitate hinzu."

⚡ **Prompt-Tipp:** „Mach daraus eine 30-Tage-Challenge" oder „Plane Erinnerungen ein."

✓ **Best Practice:** Integriere Verantwortung. Z. B. „Simuliere wöchentliche Fortschritts-E-Mails an mich selbst."

★ Noch tiefer eintauchen:

„Erstelle einen 12-Wochen-Plan für mehr Fitness, besseren Schlaf & mentale Stärke."

> ⌨ *Laura nutzte KI zur Wochenplanung. Am Freitag war sie ihren Aufgaben voraus – und zum ersten Mal seit Monaten nicht erschöpft.*

✳ Schnelle Übungen

Teste eigene Prompts für folgende Szenarien:

• Erstelle einen Tagesplan mit Fokus & Freizeit
• Verfasse eine E-Mail zur Bitte um Mitarbeitergespräch
• Zerlege das Ziel „eine Sprache lernen" in Wochen-Meilensteine
• Fasse ein Buch oder Podcast in 3 Hauptpunkte
• Plane einen 3-Tage-Produktivitätssprint anhand deiner Aufgaben
• Entwerfe eine Checkliste für ein kleines Event zuhause
• Bitte die KI um eine Vorlage für deinen wöchentlichen Rückblick

✧ Zusammenfassung

Dieses Kapitel zeigte dir, wie KI auf allen Ebenen deiner Produktivität unterstützen kann – vom Tagesplan bis zum Langzeitziel.

Fazit: Überlass KI die Struktur – und nutze deine Energie für Fokus und Fortschritt.

✶ **Reflexion:** Welchen Teil deines Tages könntest du ab morgen mit KI zurückgewinnen?

Vorschau: Mit KI neugierig bleiben

Im nächsten Kapitel geht es ums lebenslange Lernen: wie du mit KI neugierig bleibst, neue Themen entdeckst und alltägliche Fragen in Wissen verwandelst.

Kapitel 7: Mit KI kontinuierlich lernen und Fähigkeiten entwickeln

In einer Welt, in der sich alles immer schneller verändert, ist kontinuierliches Lernen keine Option mehr – es ist eine Notwendigkeit.

Egal ob du ein neues Hobby beginnst, ein unbekanntes Thema erkundest oder beruflich wachsen willst – **KI bietet dir einen persönlichen Weg, schneller zu lernen und neugierig zu bleiben.**

❖ **In diesem Kapitel erfährst du, wie du KI als Nachhilfelehrer, Lernplaner, Quizpartner und Recherchehilfe nutzen kannst – alles in einem.**

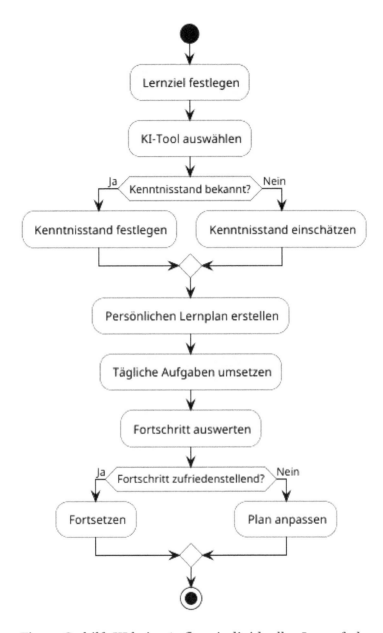

Figur: So hilft KI beim Aufbau individueller Lernpfade.

Ein persönlicher Einblick: Mein DIY-Lernprojekt

Als ich anfing, Data Science zu lernen, war ich überwältigt. Viele Kurse waren zu allgemein oder zu schwierig.
Dann fragte ich:

✦ **Prompt:** „Erstelle einen 6-Monats-Plan, um Datenanalyse mit Python zu lernen – ich kenne mich etwas mit Excel aus."

❝ Heraus kam ein Wochenplan mit Tools und Mini-Projekten.

↺ **Nachfolgeprompt:** „Füge YouTube-Tutorials und zwei echte Datensätze hinzu."

✳ **Fazit:** Mit KI hatte ich Struktur – Lernen fühlte sich plötzlich machbar und motivierend an.

Individuelle Lernpläne mit KI

★ KI hilft dir, Lernpläne zu erstellen – angepasst an deine Zeit, Ziele und Vorkenntnisse. Fast wie ein persönlicher Studienberater.

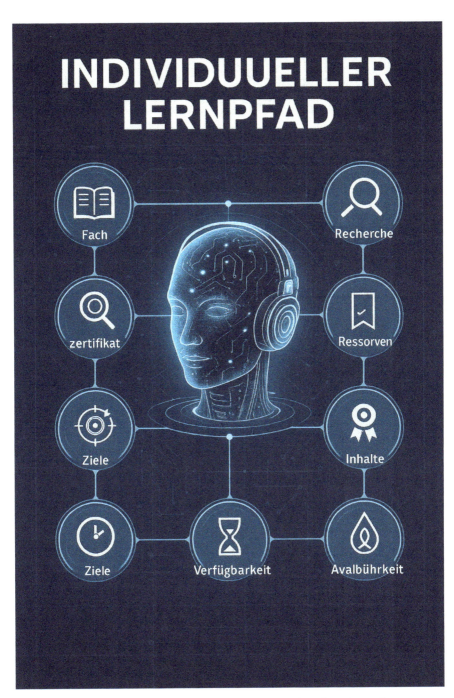

Figur: Lernfahrplan basierend auf Ziel, Zeit und Schwierigkeitsgrad.

✎ Beispiel 1: Eine Sprache lernen

✦ **Prompt:** „Ich möchte Spanisch für Reisen lernen. Schlage mir einen 3-Monats-Plan mit täglichen Aufgaben vor."
↻ **Nachfolgeprompt:** „Empfehle Podcasts und kulturelle Wochenendaktivitäten."

⚡ **Prompt-Tipp:** Gib Lernstil (visuell, auditiv) und verfügbare Zeit mit an.

★ **Noch tiefer eintauchen:**
„Erstelle einen Plan, der Duolingo, YouTube und Live-Gespräche kombiniert."

✳ **Überlege:** Welche Fähigkeit hast du aufgeschoben, weil sie zu aufwendig schien?

Neue Themen mit KI erkunden

★ Du bist neugierig auf ein neues Thema? KI hilft dir, komplexe Inhalte in kleine, verständliche Portionen zu zerlegen – auch mit Metaphern.

✎ Beispiel 2: Schwierige Konzepte verstehen

✦ **Prompt:** „Erkläre maschinelles Lernen für absolute Anfänger."

↻ **Nachfolgeprompt:** „Nutze ein Backrezept als Analogie und bleibe unter 100 Wörtern."

⚡ **Prompt-Tipp:** Gib den Zielkontext an: „Erkläre es einem Teenager" oder „als Pitch im Vorstellungsgespräch".

✓ **Best Practice:** Nutze Folgeprompts wie: „Nenne 3 Praxisbeispiele" oder „Was ist die Geschichte dahinter?"

★ **Noch tiefer eintauchen:**
„Erstelle einen 5-Tage-Crashkurs zu Kryptowährungen für Einsteiger."

> *"Glasp und Liner sind tolle Tools, um Artikel zu speichern & beim Recherchieren mit KI wichtige Stellen zu markieren.*

Fähigkeiten entwickeln mit KI-Begleitung

★ Ob du Gitarre lernst, programmierst oder Texten übst – KI kann Aufgaben stellen, Feedback geben und den Lernprozess unterhaltsam gestalten.

Figur: Lernen durch Übungen, Feedback und direkte Korrekturen.

✎ Beispiel 3: Programmieren üben

✦ **Prompt:** „Gib mir eine Python-Übung zum Thema Schleifen."

↺ **Nachfolgeprompt:** „Zeige die Lösung und erkläre, warum sie funktioniert."

⚡ **Prompt-Tipp:** Gib dein Niveau an: „Anfänger", „Fortgeschritten", „Challenge-Modus".

✓ **Best Practice:** Gib Einschränkungen mit: „Maximal 10 Zeilen" oder „Keine Bibliotheken erlaubt."

✳ **Überlege:** Welche praktische Fähigkeit würdest du gern täglich üben – wenn du endlich die Struktur hättest?

So läuft eine Lernaufgabe mit KI ab

1. Ziel festlegen – Was willst du erreichen?

2. Prompt schreiben – Einfach & konkret formulieren

3. Ergebnis prüfen – Passt es zu deinem Ziel?

4. Prompt anpassen – Verfeinern, falls nötig

5. Ergebnis nutzen – In deine Arbeit oder Übung integrieren

↻ Dieser Prozess macht KI zum echten Lernbegleiter – nicht nur zur Antwortmaschine.

Trends und Tools im Blick behalten

★ Statt endlos durch Newsfeeds zu scrollen, kannst du KI nach gezielten, kompakten Updates fragen – angepasst an deine Branche.

Figur: Aktuelle Entwicklungen in deinem Fachgebiet filtern & zusammenfassen.

✎ Beispiel 4: Neue Tools verstehen

✦ **Prompt:** „Erkläre, wie Tableau für Datenvisualisierung eingesetzt wird."

↻ **Nachfolgeprompt:** „Liste Anfänger-Tutorials und einen Anwendungsfall."

⚡ **Prompt-Tipp:** Frage nach Trends: „Was ist diesen Monat im Marketing angesagt?" oder „Vergleiche Tool A mit Tool B."

✓ **Best Practice:** Erstelle mit KI deinen persönlichen „Learning Digest" – wöchentliche Lernpunkte zu Tools & Trends.

★ **Noch tiefer eintauchen:**
„Verhalte dich wie ein Marktanalyst. Erstelle einen Monatsreport über Top-Innovationen im Digitalmarketing."

> *"Ich lasse mir jeden Freitag aktuelle Artikel zusammenfassen – montags habe ich den Überblick & glänze im Meeting.*
>
> *⚡Tools wie Feedly oder Perplexity AI helfen dir, relevante Quellen mit KI zu kombinieren.*

✳ Schnelle Übungen

Teste dein Lernen mit diesen Prompts:

• Erstelle einen Lernplan für ein neues Hobby oder Berufsthema
• Fasse einen TED-Talk oder Podcast in 5 Stichpunkten zusammen
• Lass dir ein Quiz zu Hauptstädten, Mathe oder Vokabeln erstellen
• Erkläre ein technisches Thema einmal einfach, einmal professionell
• Bitte um Feedback zu einem geschriebenen Absatz
• Vergleiche zwei Themen in Tabellenform (z. B. Scrum vs. Kanban)
• Designe eine 4-Wochen-Lernreise mit wöchentlichen Fortschritten

✧ Zusammenfassung

KI ist dein idealer Partner fürs lebenslange Lernen. Sie passt sich deinem Tempo an, gibt Feedback und ist rund um die Uhr verfügbar – ganz ohne Termin.

Fazit: Die erfolgreichsten Lerner sind nicht die klügsten, sondern die neugierigsten und konstantesten.

✴ **Reflexion:** Was würdest du als Nächstes lernen, wenn die Frage „Wo soll ich anfangen?" plötzlich keine Rolle mehr spielt?

Vorschau: Mit KI erschaffen

Im nächsten Kapitel gehen wir von der Theorie in die kreative Praxis. Du lernst, wie du mit KI schreiben, designen, komponieren und Ideen umsetzen kannst.

Kapitel 8: Mit KI erschaffen: Kreative Anwendungen

Kreativität ist längst nicht mehr nur etwas für Künstler, Schriftsteller oder Designer. Mit der Kraft von KI kann jeder innovative Ideen entwickeln, überzeugende Inhalte gestalten und Visionen Wirklichkeit werden lassen – egal ob du Schüler, Unternehmer oder einfach neugierig bist.

❖ **In diesem Kapitel lernst du, wie du KI als kreativen Sidekick nutzen kannst – zum Brainstormen, Bauen und Umsetzen überraschender Ideen.**

> ⚡*KI zu nutzen, um kreativ zu sein, macht dich nicht weniger kreativ – es gibt dir mehr Material, das du gestalten kannst.*

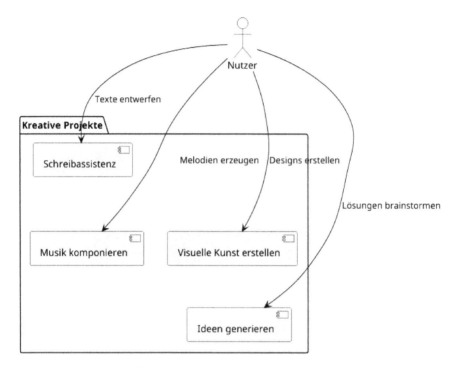

Figur: Wie KI dich in verschiedenen Phasen kreativer Arbeit unterstützen kann.

Ein persönlicher Einblick: Vom leeren Blatt zur guten Idee

Als ich ein Logo für meine gemeinnützige Organisation gestalten wollte, fühlte ich mich blockiert. Ich tippte bei ChatGPT ein:

✦ **Prompt:** „Beschreibe ein Logokonzept für eine gemeinnützige Organisation, die Kinder im MINT-Bereich unterstützt."

" Ich bekam drei solide Ideen – darunter ein abstraktes Atom, das ein Herz umschließt. Das wurde unser finales Logo.

↺ **Nachfolgeprompt:** „Füge eine verspielte Farbpalette und einen Slogan für den Druck hinzu."

✳ **Fazit:** Kreativität beginnt nicht immer mit einer Eingebung – manchmal genügt ein kluger Prompt.

KI als kreative Partnerin

★ KI blüht auf, wenn es ums Brainstorming geht. Sie liefert Varianten, Kombinationen und neue Perspektiven, an die du vielleicht nicht gedacht hättest. Sie ist dein Co-Creator, nicht dein Ersatz.

✎ Beispiel 1: Ideen für Geschichten

✦ **Prompt:** „Ich möchte eine Kurzgeschichte schreiben. Gib mir fünf einzigartige Ideen, die in einer futuristischen Stadt spielen."
↺ **Nachfolgeprompt:** „Wähle Idee 3 aus und entwickle eine Hauptfigur mit Plot-Twist."

⚡ **Prompt-Tipp:** Nutze Listen, Einschränkungen oder Stilhinweise wie: „Jede Idee in max. 25 Wörtern" oder „Füge ein magisches Element hinzu."

★ Noch tiefer eintauchen:
„Erstelle eine 3-Akt-Struktur für die Geschichte und liefere Prompt-Ideen für passende Cover-Art zu jedem Kapitel."

✷ Überlege: Was für eine Geschichte würdest du schreiben, wenn das Grundgerüst schon da wäre?

✦ Bonus: Kollaboration während des Schreibens

✦ Prompt: „Ich schreibe die ersten 100 Wörter. Du machst in dunklerem Ton weiter und stellst mir dann eine Frage, wie es enden soll."

Das führt zu einem echten kreativen Pingpong zwischen Mensch und KI.

Inhalte erstellen mit KI

★ Du musst schnell etwas schreiben? KI hilft bei Rohentwürfen, Feinschliff oder strukturierter Content-Erstellung – für Blogs, E-Mails oder Präsentationen.

Figur: Wie KI beim Aufbau von Marketing- oder Bloginhalten unterstützt.

✎ Beispiel 2: Unterstützung beim Schreiben

✦ **Prompt:** „Formuliere einen einleitenden Absatz für einen Blogartikel über die Vorteile von Remote-Arbeit."
↺ **Nachfolgeprompt:** „Schreibe ihn spielerischer und füge eine Statistik ein."

⚡ **Prompt-Tipp:** Gib Tonfall, Zielgruppe, Format und Verwendungszweck an (z. B. Blog, Newsletter, Landingpage).

✓ **Best Practice:** Nutze KI auch für Titelvorschläge, Metabeschreibungen oder Gliederungen.

★ **Noch tiefer eintauchen:**
„Erstelle drei Headline-Ideen, zwei Zwischenüberschriften und eine Liste im Listicle-Format für diesen Artikel."

↵Beliebte Tools: ChatGPT, Jasper, Notion AI, Copy.ai

Künstlerisches Potenzial entfalten

★ Auch ohne zeichnen oder komponieren zu können, kannst du dich mit KI visuell und klanglich ausdrücken.

✎ Beispiel 3: Digitale Kunstkonzepte

✦ **Prompt:** „Erstelle eine Fantasy-Landschaft mit schwebenden Inseln, leuchtenden Wasserfällen und Sternenhimmel."
↻ **Nachfolgeprompt:** „Lass es wie ein Aquarell aussehen."

⚡ **Prompt-Tipp:** Nenne Stil („im Stil von Jugendstil"), Format („horizontales Poster") oder Medium („Bleistiftzeichnung").

√ **Best Practice:** Nutze Tools wie Midjourney, DALL·E oder Leonardo.ai, um deine Prompts visuell umzusetzen.

✳ **Überlege:** Welches Bild trägst du schon lange im Kopf, hast es aber nie zeichnen können?

★ **Noch tiefer eintauchen:**
„Gestalte eine 3-teilige Konzeptreihe – je ein Bild bei Sonnenaufgang, Mittag und Dämmerung – im selben Fantasy-Setting."

✎ Musik-Tipp: Mit Soundraw, AIVA oder Ecrett Music kannst du themenbasierte Tracks mit wenigen Klicks erzeugen.

Alltagskreativität

★ Kreativität zeigt sich nicht nur in großen Projekten – auch beim Kochen, Planen, Schenken oder Organisieren.

Figur: Mit KI den Alltag schöner, abwechslungsreicher und leichter gestalten.

✎ Beispiel 4: Geschenkideen

✦ **Prompt:** „Schlage ein durchdachtes Geburtstagsgeschenk für jemanden vor, der gerne wandert."

↺ **Nachfolgeprompt:** „Ideen unter 25 €, möglichst umweltfreundlich."

⚡ **Prompt-Tipp:** Nutze Anlass, Interessen, Budget und Art des Geschenks (DIY, digital, physisch).

√ **Best Practice:** Frage nach verschiedenen Formaten: „Erstelle mir eine Vergleichstabelle" oder „Fasse Geschenkideen in knackigen Einzeilern zusammen."

★ **Noch tiefer eintauchen:**
„Plane ein Überraschungswochenende für jemanden, der Kaffee und Krimis liebt."

> ❝ *„Ich habe mit KI eine Themen-Geburtstagsparty geplant – in 5 Minuten hatte ich Deko-Vorschläge, Menü, Playlist und Schnitzeljagd."*

✳ Schnelle Übungen

Teste deine Kreativität mit diesen Prompts:

• Brainstorme Projektideen mit KI für ein persönliches Ziel
• Lass dir ein kurzes Gedicht, Haiku oder einen Slogan generieren
• Erstelle ein Rezept mit nur 5 Zutaten aus deinem Kühlschrank
• Beschreibe ein Logo für dein Herzensprojekt oder Side-Hustle
• Schreibe eine Comic-Szene über eine Katze, die einen Buchladen führt
• Plane ein Fotoshooting mit Alltagsgegenständen als

Requisiten
• Erstelle gemeinsam mit KI ein 3-minütiges Meditation-Skript in deinem Stil

✧ Zusammenfassung

Kreativität gedeiht, wenn Werkzeuge die Angst vor Fehlern nehmen. KI ersetzt deinen kreativen Funken nicht – sie verstärkt ihn.

Fazit: Mit dem richtigen Prompt ist jeder Mensch kreativ – auch du, selbst wenn du es dir bisher nie zugetraut hast.

✴ **Reflexion:** Was würdest du erschaffen, wenn dich die Tools nicht bewerten, sondern inspirieren?

Vorschau: Mit KI produktiver werden

Im nächsten Kapitel erfährst du, wie du KI nutzen kannst, um deinen Alltag zu organisieren, deine Zeit besser zu managen und langfristige Ziele zu erreichen – ganz ohne Stress.

Kapitel 9: Mit KI produktiv bleiben

Produktiv zu sein bedeutet nicht, mehr zu tun – sondern Platz zu schaffen für das, was wirklich zählt. In unserer schnelllebigen Welt heißt das: unnötige Arbeit reduzieren, sich auf Aufgaben mit Wirkung konzentrieren und mentale Energie schützen.

❖ **In diesem Kapitel erfährst du, wie KI dir hilft, deinen Tag zu vereinfachen, zu optimieren und zu entschlacken – beruflich wie privat.**

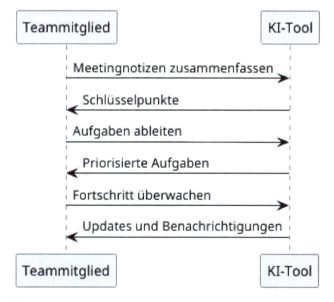

Figur: Überblick über KI-Tools zur Unterstützung bei Aufgaben wie Planung, Automatisierung und Organisation.

Die Rolle von KI für Produktivität

KI ist besonders gut in Aufgaben, die Schnelligkeit, Struktur und Kontext erfordern. Ob E-Mails organisieren, Dokumente zusammenfassen oder schnelle Pläne erstellen – KI nimmt dir Reibung ab und schenkt dir Fokus und Zeit zurück.

✓ Vorteile von KI für Produktivität

1. **Zeitersparnis:** Automatisiere Routinen, um Kapazitäten freizumachen

2. **Effizienz:** Bringe Struktur in deinen Tag

3. **Qualität:** Erstelle schneller überzeugende Entwürfe, Pläne und Berichte

4. **Kreative Unterstützung:** KI bringt frische Ideen für alte Probleme

✷ **Überlege:** Welche Aufgabe würdest du am liebsten jede Woche abgeben?

Tägliche Aufgaben optimieren

KI-gestützte Tools wie ChatGPT, Notion AI oder Superhuman helfen dir, deinen Posteingang zu bereinigen, To-dos zu priorisieren und Nachrichten schneller zu schreiben – damit du dich schneller dem Wesentlichen widmen kannst.

✎ Beispiel 1: E-Mail-Management

✦ **Prompt:** „Ordne meine E-Mails nach Priorität und schlage Antworten für die fünf dringendsten vor."

↻ **Nachfolgeprompt:** „Fasse ähnliche zusammen und formuliere freundliche Antworten."

⚡ **Prompt-Tipp:** Begrenze den Umfang: „Antworten unter 80 Wörtern" oder „Kalender-bezogene E-Mails separat markieren."

✎ Beispiel 2: Aufgabenpriorisierung

✦ **Prompt:** „Priorisiere meine To-do-Liste nach Deadline und Wichtigkeit."

↻ **Nachfolgeprompt:** „Markiere Aufgaben, die ich delegieren oder verschieben kann."

√ **Best Practice:** Füge Zeitblöcke oder Fälligkeitsdaten hinzu, um realistische Tagespläne zu erstellen.

✦ Bonus: Mikro-Planer

✦ **Prompt:** „Hilf mir, mich für die nächsten 90 Minuten zu konzentrieren – mit zwei klaren Aufgaben und einer kurzen Pause."

↻ **Nachfolgeprompt:** „Empfiehl Musik zum konzentrierten Arbeiten."

✓ Ideal bei Aufschieberitis oder Konzentrationsproblemen.

Planung und Zeitmanagement verbessern

KI hilft nicht nur bei Meetings, sondern dabei, deinen Tag rund um Energie und Prioritäten besser zu gestalten.

✎ Beispiel 3: Kalender-Optimierung

✦ **Prompt:** „Schlage mir einen Tagesplan vor: kreative Arbeit am Vormittag, Admin-Aufgaben am Nachmittag."
↺ **Nachfolgeprompt:** „Füge alle 90 Minuten eine 15-minütige Pause ein."

⚡ **Prompt-Tipp:** „Optimiere für Energie-Tiefs um 14 Uhr" oder „Plane Deep Work und leichte Aufgaben gezielt ein."

✎ Beispiel 4: Projektplanung

✦ **Prompt:** „Erstelle einen Projektzeitplan für den Launch einer Website in 3 Monaten."
↺ **Nachfolgeprompt:** „Teile den Plan in Wochenaufgaben mit Deadlines und Zuständigkeiten auf."

✓ **Best Practice:** Bitte KI, den Plan als Gantt-Diagramm, Kanban-Board oder Checkliste darzustellen.

Informationsflut bewältigen

KI kann helfen, lange Texte zusammenzufassen oder Erkenntnisse zu extrahieren – damit du dich auf das Wesentliche konzentrieren kannst.

✎ Beispiel 5: Inhalte zusammenfassen

✦ **Prompt:** „Fasse diesen 20-seitigen Bericht in einem Absatz für die Geschäftsleitung zusammen."
↺ **Nachfolgeprompt:** „Markiere Risiken und nächste Schritte separat."

⚡ **Prompt-Tipp:** Gib das gewünschte Sprachniveau an: „Für ein 10-jähriges Kind erklären" oder „Business-Stil mit Bulletpoints."

✎ Beispiel 6: Handlungsempfehlungen extrahieren

✦ **Prompt:** „Markiere umsetzbare Empfehlungen aus diesem Feedback-Datensatz."
↺ **Nachfolgeprompt:** „Kategorisiere nach Thema und Dringlichkeit."

√ **Best Practice:** Bitte um Formate wie: „Erstelle eine 3-Folien-Präsentation" oder „Liste mit Zeitmarken versehen."

Wiederkehrende Abläufe automatisieren

Von der Formatierung bis zur Berichtserstellung – KI kann wiederkehrende Aufgaben übernehmen und dir so viel Arbeit abnehmen.

✎ Beispiel 7: Dokumente formatieren

✦ **Prompt:** „Formatiere diesen Text als professionellen Bericht mit Überschriften, Aufzählungen und Zusammenfassung."
↻ **Nachfolgeprompt:** „Exportiere als Markdown und PDF."

✎ Beispiel 8: Berichtsgenerierung

✦ **Prompt:** „Erstelle einen Wochenbericht auf Basis dieser Daten (CSV oder Zusammenfassung)."
↻ **Nachfolgeprompt:** „Füge ein Diagramm und einen Kommentar für das Management hinzu."

⚡ **Prompt-Tipp:** Frage nach „Visuell + narrativ" für kombinierte Dashboards und Textausgaben.

Persönliche Produktivität steigern

KI kann dir auch im Alltag helfen – bei Ernährung, Budget, Gewohnheiten oder Haushalt.

✎ Beispiel 9: Essensplanung

✦ **Prompt:** „Plane eine Woche mit schnellen, gesunden Abendessen ohne Milchprodukte."

↻ **Nachfolgeprompt:** „Erstelle eine Einkaufsliste mit 30-Minuten-Gerichten."

✎ Beispiel 10: Finanzen im Blick behalten

✦ **Prompt:** „Hilf mir, mit 3000 € Einkommen und 2000 € Fixkosten ein Monatsbudget zu erstellen."

↻ **Nachfolgeprompt:** „Füge Sparziel, wiederkehrende Ausgaben und Kategorien hinzu."

√ **Best Practice:** Lass dir eine Tabelle oder ein einfaches Tracking-Template erstellen.

✦ Bonus: Produktivität mobil

✦ **Prompt:** „Transkribiere diese Sprachnotiz und erstelle daraus eine To-do-Liste mit Zeitangaben."

⚡ Perfekt für unterwegs oder wenn dir spontan etwas einfällt.

✳ Schnelle Übungen

Nutze diese Prompts für deine eigene Produktivität:

- Erstelle die To-do-Liste für morgen basierend auf deinen 3 wichtigsten Zielen
- Bitte KI um eine Morgenroutine für mehr Energie
- Formuliere E-Mail-Antworten in höflichen, professionellen Ton
- Automatisiere eine wöchentliche Aufgabe wie Statusbericht oder Essensplan
- Erstelle eine Checkliste für Reisen oder wiederkehrende Erledigungen
- Fasse einen Podcast oder Blogartikel in Teamnotizen zusammen
- Vergleiche zwei Projekte und bitte KI um eine Priorisierung

✧ Zusammenfassung

Produktivität heißt nicht, mehr zu quetschen – sondern klar, sinnvoll und fokussiert zu arbeiten. KI hilft dir, den Weg freizuräumen, damit du mit weniger Reibung und mehr Schwung durchstarten kannst.

Fazit: Lass KI die Startbahn räumen – du hebst ab.

✳ **Reflexion:** Was könntest du erreichen, wenn 30 % deiner Fleißarbeit wegfielen?

Vorschau: Mit KI gemeinsam arbeiten

Im nächsten Kapitel geht es darum, wie du KI im Team nutzen kannst – für Kommunikation, gemeinsame Workflows, Brainstormings und Entscheidungsprozesse.

Kapitel 10: KI für Zusammenarbeit und Teamarbeit

Großartige Teamarbeit passiert nicht zufällig – sie ist das Ergebnis klarer Kommunikation, geteilter Informationen und gemeinsamer Ziele.
KI kann jedes Glied dieser Kette stärken und es Teams erleichtern, gemeinsam zu brainstormen, Aufgaben zu delegieren, zu planen und umzusetzen.

❖ **In diesem Kapitel erfährst du, wie du KI in die Werkzeugkiste deines Teams integrieren kannst – egal ob ihr ein Wochenend-Retreat plant oder einen globalen Produktlaunch vorbereitet.**

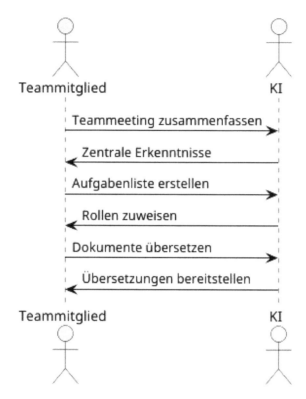

Abbildung: Darstellung, wie Teammitglieder KI-Tools zur besseren Zusammenarbeit nutzen.

Die Rolle von KI in der Teamarbeit

KI kann wie ein stilles Teammitglied agieren: Sie fasst Meetings zusammen, erstellt Projektpläne, beantwortet Fragen und liefert neue Ideen – ohne den Arbeitsfluss zu unterbrechen.

✓ So unterstützt KI die Zusammenarbeit im Team

• **Bessere Kommunikation:** Übersetzt, fasst zusammen und macht Nachrichten klarer.

• **Aufgabenmanagement:** Hilft beim Planen, Nachverfolgen und Delegieren.

• **Kreative Unterstützung:** Liefert Ideen und Denkanstöße.

• **Wissensmanagement:** Strukturiert Team-Ressourcen in nützliche Systeme.

✴ **Zum Nachdenken:** Wo hakt es bei euch im Team immer wieder bei der Zusammenarbeit?

Teamkommunikation verbessern

Starke Kommunikation ist das Herz jedes Teams. KI kann Nachrichten klarer, schneller und inklusiver machen.

✎ Beispiel 1: Nachrichten übersetzen

✦ **Prompt:** „Übersetze diese Nachricht von Englisch ins Spanische und Französische: ‚Bitte gib bis morgen Abend ein Update zu deinem Fortschritt.'"

↻ **Folge-Prompt:** „Formuliere beide Versionen höflich, aber bestimmt."

✓ **Best Practice:** Gib immer Tonfall oder Formalitätsgrad mit an, besonders bei Teamkommunikation.

✎ Beispiel 2: Teamgespräche zusammenfassen

✦ **Prompt:** „Fasse die wichtigsten Punkte dieses Meeting-Transkripts zusammen."

↺ **Folge-Prompt:** „Extrahiere nur Entscheidungen und To-dos."

⚡ **Prompt-Tipp:** Frag nach einem Format passend zu deinem Tool: „Slack-freundlich" oder „bereit für E-Mail".

✦ Bonus-Prompt: Asynchrone Arbeit managen

✦ **Prompt:** „Fasse alles zusammen, was in Slack passiert ist, während ich offline war – geordnet nach Dringlichkeit und Projekt."

↺ **Folge-Prompt:** „Füge Antwortvorschläge hinzu und markiere Wichtiges."

✓ Ideal für Remote-Teams oder bei Zeitzonenunterschieden.

✦ Bonus-Prompt: Tonfall entschärfen

✦ **Prompt:** „Formuliere diese Slack-Nachricht um, sodass sie konstruktiv statt frustriert klingt."

↻ **Folge-Prompt:** „Jetzt direkter, aber weiterhin positiv."

⚡ Perfekt, um Missverständnisse oder Spannungen zu reduzieren.

Abbildung: KI fasst Kommunikation zusammen und übersetzt für ein mehrsprachiges Team.

Projektmanagement vereinfachen

Tools wie Asana AI, Notion AI oder ClickUp unterstützen beim Aufgabenverteilen, Zeitmanagement und Risikoerkennung.

✎ Beispiel 3: Projektpläne erstellen

✦ **Prompt:** „Erstelle einen Zeitplan für ein Produktlaunch-Projekt in sechs Monaten."

↻ **Folge-Prompt:** „Unterteile in Wochenziele und weise Rollen zu."

✓ **Best Practice:** Lass den Plan je nach Bedarf als Gantt-Diagramm oder Checkliste formatieren.

Abbildung: KI erstellt einen Projektplan mit Zeitvorgaben.

Brainstorming und Ideengenerierung stärken

KI ist wie ein kreativer Sparringspartner – ideal, wenn die Energie im Team niedrig oder der Blickwinkel festgefahren ist.

✎ Beispiel 4: Ideen generieren

✦ **Prompt:** „Schlage fünf kreative Marketingstrategien für eine neue umweltfreundliche Trinkflasche vor."

↺ **Folge-Prompt:** „Gruppiere sie nach Kampagnentyp und gib Vor- und Nachteile an."

⚡ **Prompt-Tipp:** Kontext hinzufügen: „Zielgruppe: Gen Z" oder „Budget unter 1000 €".

★ **Weiter gedacht:**
„Erstelle zu den besten zwei Strategien ein Slide-Deck mit Visuals und Slogans."

Abbildung: KI liefert Ideen in einer Team-Brainstorming-Session.

Wissen organisieren und teilen

Gemeinsames Wissen zu organisieren spart Zeit – und Nerven. KI agiert als digitale Bibliothekarin: Sie strukturiert Dateien, schreibt interne Anleitungen und fasst Updates zusammen.

✎ Beispiel 5: Wissensdatenbank aufbauen

✦ **Prompt:** „Organisiere diese Dokumente in eine Ordnerstruktur für den kommenden Produktlaunch."
↻ **Folge-Prompt:** „Schreibe kurze Zusammenfassungen zu jeder Datei."

✓ **Best Practice:** Frag nach durchsuchbaren Namen oder Metadaten-Tags.

⚡ **Pro-Tipp:** Erstelle eine geteilte Prompt-Bibliothek fürs Team, z. B. für Meetingnotizen, Feedback-Zusammenfassungen oder Vorlagen.

Abbildung: KI sortiert Dateien automatisch in Team-Ordner.

Gemeinsame KI-Workflows gestalten

Wenn dein Team die Vorteile erkennt, könnt ihr KI in wiederkehrende Abläufe integrieren.

✎ Beispiel 6: Team-Workflow mit KI

✦ **Prompt:** „Gestalte einen Wochenablauf für unser Team mit KI für Statusupdates, Planung, Brainstorming und Wissensaustausch."

❝ Beispielstruktur:

1. **Daily Standup:** KI fasst Fortschritt, Blocker und Ziele zusammen

2. **Wöchentliche Planung:** KI erstellt Zeitplan und verteilt Aufgaben

3. **Brainstorming:** Team liefert Prompts, KI generiert Ideen in Echtzeit

4. **Wissenshub:** KI aktualisiert gemeinsame Dokumente und SOPs

✳ **Zum Nachdenken:** Wo könnte KI unnötige Abstimmungen oder Rückfragen vermeiden?

KI verantwortungsvoll im Team nutzen

KI ist mächtig – aber nicht unfehlbar. Einige Tipps für den bewussten Einsatz:

• Fakten gegenprüfen – KI kann „halluzinieren" und Falsches erfinden

• Kein Copy-Paste – Nutze KI-Inhalte als Rohfassung, nicht als Endprodukt
• Datenschutz beachten – Keine sensiblen Daten in Prompts teilen
• Auf Vorurteile achten – KI kann bestehende Verzerrungen (Bias) wiedergeben

KI ist dein Assistent, nicht dein Ersatz. Nutze sie mit Verstand – und Verantwortung.

✳ Schnellübungen

Setze diese Ideen praktisch um:

• Lass KI einen gemeinsamen Teamkalender für nächsten Monat erstellen
• Erstelle eine teamweite To-do-Liste mit Aufgabenverteilung
• Fasse ein Meeting-Transkript in Aufgaben und Entscheidungen zusammen
• Entwickle mit KI ein Werte-Manifest für euer Team
• Erstelle eine einseitige Onboarding-Anleitung für neue Kolleg:innen
• Bitte KI, eine Nachricht auf mehr Inklusivität oder Klarheit zu prüfen

✧ Zusammenfassung

KI ersetzt kein Team – sie verstärkt es. Mit den richtigen Prompts und Workflows wird sie zum Partner für mehr Klarheit, Kreativität und Zusammenarbeit.

Kernaussage: Weniger Zeit mit Koordination. Mehr Zeit für Kreativität, Entscheidungen und Fortschritt.

✳ **Reflexion:** Welche Teamprozesse könnten durch „eine Besprechung weniger" verbessert werden?

Vorschau: Schlussworte

Im letzten Abschnitt schauen wir aus der Vogelperspektive auf das Zusammenspiel von Mensch und KI – nicht nur als Tool, sondern als neue Art zu denken und gemeinsam zu gestalten.

Schlusswort

Du hast das Ende dieses Buchs erreicht – aber in vielerlei Hinsicht stehst du erst am Anfang.

In den letzten Kapiteln hast du erfahren, wie KI als dein **persönlicher Assistent, kreativer Partner, Problemlöser und Produktivitätshelfer** agieren kann. Du hast gelernt, wie man gute Prompts schreibt, hast reale Anwendungsfälle erkundet und genug Selbstvertrauen gewonnen, um KI sinnvoll in deinem Leben einzusetzen.

Doch jenseits von Tools und Tipps hast du noch etwas Wichtigeres entdeckt:

❖ **KI ist nicht nur für Expert:innen – sie ist für alle. Auch für dich.**

Während sich KI weiterentwickelt, wird sie ein noch größerer Bestandteil unseres Lebens, Lernens und Schaffens. Die Fähigkeiten, die du hier erworben hast, helfen dir, neugierig, flexibel und zukunftsorientiert zu bleiben.

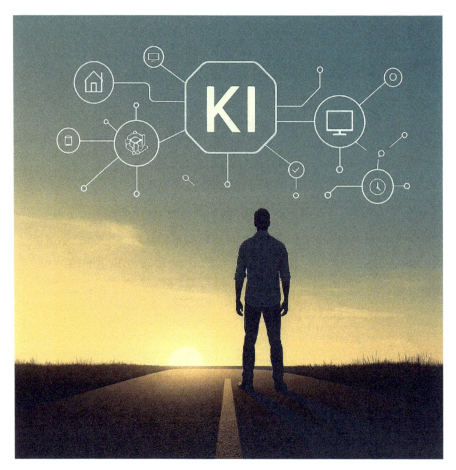

Abbildung: Symbolische Illustration – eine Person blickt in den Horizont, umgeben von KI-Symbolen

Abbildung: Symbolische Illustration – eine Person blickt in den Horizont, umgeben von KI-Symbolen.

Ob du deinen Alltag vereinfachst, eine neue Idee entwickelst oder deine Karriere neu denkst – KI kann dir helfen, schneller und kreativer ans Ziel zu kommen – und das mit weniger Stress.

Was als Nächstes kommt?

Das liegt ganz bei dir.

• Experimentiere weiter.
• Verfeinere deine Prompts.
• Bleib neugierig.

Denn mit dem richtigen Prompt ... **ist (fast) alles möglich.**

Deine nächsten Schritte: Was du heute tun kannst

Falls du motiviert bist, aber nicht weißt, wo du anfangen sollst – hier ein paar kleine Ideen:

• ✓ Lies dein Lieblingskapitel nochmal und versuche einen neuen Prompt mit anderen Rahmenbedingungen
• ✓ Starte ein Prompt-Journal oder erstelle ein digitales Template
• ✓ Teile deine Lieblingsanwendung mit einer Freundin oder einem Kollegen
• ✓ Beginne mit der Gewohnheit „Prompt des Tages" mithilfe der Spickzettel aus diesem Buch

Danke, dass du dieses Buch gelesen und mit mir zusammen gepromptet hast.

Auf die kreative Zukunft, die du – Prompt für Prompt – erschaffst.

PS: Bonus für Neugierige

Du möchtest noch einen Schritt weiter gehen – oder einfach ein wenig experimentieren?
Dann schau dir unsere kleine **NFT-Kollektion** an, die als Begleitung zu diesem Buch entstanden ist.

Sie ist eine spielerische Ergänzung – ein Dankeschön für deine Neugier, und eine Möglichkeit, Teil einer kreativen KI-Community zu werden.

Was dich erwartet:

- ✦ Exklusive Prompt-Karten mit KI-generierten Designs
- ✧ Zugang zu Bonusmaterialien und zukünftigen Updates
- ✎ Früher Einblick in neue Projekte
- ✳ Die Möglichkeit, Gleichgesinnte zu treffen

Du findest die Sammlung hier:
https://studio.manifold.xyz/contracts/209776880
Oder direkt auf OpenSea stöbern:
https://opensea.io/collection/ai-prompt-cards

Keine Sorge: Du brauchst kein Vorwissen über NFTs oder Kryptowährungen. Du kannst einfach stöbern – oder mit wenigen Klicks teilnehmen, wenn du magst.

→ Viel Spaß beim Entdecken – und danke, dass du Teil dieser Reise bist!

Bonusmaterial

Finale Checkliste: Bist du KI-ready?

Diese Selbst-Checkliste hilft dir, deinen Fortschritt einzuordnen – und zeigt dir, was du als Nächstes angehen kannst:

Roadmap für KI-Fähigkeiten

- [ ] Ich verstehe, was KI ist und wie sie in meinen Alltag passt.
- [ ] Ich habe gelernt, klare und effektive Prompts zu schreiben.
- [ ] Ich habe KI genutzt, um Ideen zu entwickeln, zu planen oder Probleme zu lösen.

• [ ] Ich habe KI kreativ eingesetzt – beim Schreiben, Musikmachen, Zeichnen oder Gestalten.

• [ ] Ich habe KI genutzt, um meine Produktivität, mein Lernen oder meine Ziele zu unterstützen.

• [ ] Ich habe ein eigenes Prompt-Journal oder eine Vorlagenbibliothek begonnen.

• [ ] Ich weiß, wie ich Prompts iterieren kann, um bessere Ergebnisse zu erzielen.

⚡ Tipp: Nimm einen Prompt, der dir gefallen hat, und verbessere ihn heute.

Prompt-Muster-Spickzettel

Behalte diesen Schnellüberblick griffbereit – er hilft dir beim weiteren Arbeiten mit KI.

Spickzettel für Prompts

Schreiben

• „Schreibe einen [Tonfall] [Länge] Text über [Thema] für [Zielgruppe]."

• „Formuliere diesen Absatz um, sodass er [freundlicher/professioneller/überzeugender] klingt."

• „Erstelle eine [Nachrichtenart], die [Emotion] vermittelt und einen klaren Call-to-Action enthält."

Brainstorming

- „Liste 10 kreative Ideen für [Ziel/Zielgruppe] auf."
- „Was sind 3 unkonventionelle Lösungen für [Problem]?"
- „Erzeuge Namen, Slogans oder Metaphern zu [Konzept]."

Lernen

- „Erkläre [Thema], als ob ich ein:e Anfänger:in bin."
- „Gliedere [Fachgebiet] in drei Level: Basis, Mittel, Fortgeschritten."
- „Erstelle einen Lernplan für [Fähigkeit] mit täglichem 20-Minuten-Zeitfenster."

Produktivität

- „Plane meinen Tag mit Fokusarbeit am Morgen und administrativen Aufgaben am Nachmittag."
- „Fasse diesen Artikel in 3 wichtigsten Erkenntnissen für mein Team zusammen."
- „Strukturiere diese Notizen als Gliederung mit Stichpunkten."

KI-Tool-Vergleichsübersicht

ChatGPT

• **Stärken**: Flexibel, konversationsstark, leicht verständlich
• **Schwächen**: Erfindet gelegentlich Fakten, wirkt manchmal generisch
• **Ideal für**: Schreiben, Brainstorming, Fragen & Antworten

DALL·E

• **Stärken**: Bilderzeugung aus Text
• **Schwächen**: Wenig Kontrolle über Details
• **Ideal für**: Visuelle Ideen, Storyboards

Claude

• **Stärken**: Lange Texte, sicherheitsbewusst
• **Schwächen**: Weniger kreativ als andere
• **Ideal für**: Längere Inhalte, professioneller Einsatz

Gemini (Google Bard)

• **Stärken**: Faktenorientiert, gute Google-Integration
• **Schwächen**: Weniger kreativ
• **Ideal für**: Recherche, Wissensabruf, Zusammenfassungen

Midjourney

- **Stärken**: Hochwertige Kunstwerke
- **Schwächen**: Nutzung nur über Discord, komplexe Prompts nötig
- **Ideal für**: Visuelle Storytelling, Markenentwicklung

> ➤ *Tipp: Das beste Tool hängt vom Ziel ab. Probiere ruhig verschiedene aus!*

KI und Ethik: Ein Leitfaden für Einsteiger:innen

Mit großer Macht kommt große Verantwortung – hier die Grundlagen:

Vorurteile und Fairness

- KI reflektiert ihre Trainingsdaten – inklusive Stereotypen.
- Frag dich immer: *Wessen Perspektive steckt in dieser Antwort?*

Privatsphäre

- Gib keine persönlichen, finanziellen oder sensiblen Daten in Prompts ein.
- Besonders wichtig bei öffentlich zugänglichen Tools.

Fehler und Fehlinformationen

• KI kann überzeugend klingen – auch wenn sie falsch liegt.
• Faktencheck ist Pflicht bei sensiblen Themen.

Prompt-Verantwortung

• Keine schädlichen, manipulativen oder spamartigen Anfragen stellen.
• Sieh KI als kreativen Partner, nicht als Abkürzung zur Verantwortungslosigkeit.

Transparenz

• Wenn KI dir beim Text, Design oder Recherche geholfen hat: Sag es offen.
• Ehrlichkeit schafft Vertrauen.

➤ *Ethische KI-Nutzung beginnt bei dir.*

Fortgeschrittenes Prompting: Mehrstufige Workflows

KI wird noch mächtiger, wenn man mehrere Tools und Schritte kombiniert. Hier ein Beispiel:

Kampagne für Social Media

1. **Recherche** → ChatGPT: „Was sind die Top-Trends für [Thema] in 2025?"

2. **Visuelles Design** → DALL·E oder Midjourney: „Erstelle ein auffälliges Werbemotiv für [Produkt]."

3. **Texten** → ChatGPT: „Schreibe einen humorvollen Post mit Dringlichkeit für eine Gen-Z-Zielgruppe."

4. **Feedback** → Claude: „Bewerte diesen Text auf Tonalität und Verständlichkeit."

   ★ Erstelle deine eigene Prompt-Kette basierend auf der jeweiligen Aufgabe – wie ein digitales Entwicklungsteam an deiner Seite.

→ Je mehr du ausprobierst, desto besser wirst du. Also: Weitermachen!

Anhang: Das volle Potenzial von DeepSeek entfesseln

DeepSeeks **Dateiverarbeitung** und **webgestützte Suche** eröffnen fortgeschrittenen Nutzern neue Möglichkeiten. So kannst du sie nutzen:

Workflow für Datei-Uploads

• Lade ein PDF hoch und frage: *„Extrahiere alle zitierten Autoren und deren Zugehörigkeiten."*
• Kombiniere es mit einer Websuche: *„Finde Aktualisierungen aus dem Jahr 2024 zu den Gesetzen, die in diesem juristischen Dokument erwähnt werden."*

Programmieren mit Kontext

DeepSeeks großer Speicher hilft beim Debuggen langer Skripte: *„Erkläre jeden Schritt dieses hochgeladenen Python-Skripts und markiere potenzielle Fehler."*

„Während sich KI-Tools weiterentwickeln, steht DeepSeek für die nächste Generation – eine Brücke zwischen Forschungskraft und Alltagsnutzen."

✦ Spotlight: DeepSeek AI als Geheimtipp für große Aufgaben

Während ChatGPT und Claude im allgemeinen Gebrauch glänzen, bietet **DeepSeek AI** (deepseek.com) besondere Vorteile bei der Verarbeitung langer Dokumente oder komplexer Recherchen. Mit einem **128K-Kontextfenster** kannst du ganze Bücher, Verträge oder Forschungsarbeiten hochladen und analysieren, ohne den Zusammenhang zu verlieren.

Probiere diesen Prompt: *„Fasse die wichtigsten Argumente dieses hochgeladenen PDFs zusammen und liste die Belege stichpunktartig auf."*

Warum das wichtig ist:

• **Kostenlos & Webfähig:** Keine Bezahlschranke, plus Live-Daten via Websuche.
• **Datei-Uploads:** Unterstützt PDF, Word, Excel (anders als ChatGPT Free).

„Während du verschiedene Tools ausprobierst, denke daran: Die beste KI hängt von deiner Aufgabe ab, ob Kürze (ChatGPT), Sicherheit (Claude) oder Tiefe (DeepSeek)."

Quellen und weiterführende Lektüre

Bücher:

• *„Artificial Intelligence: A Guide to Intelligent Systems"* von Michael Negnevitsky
• *„AI Superpowers"* von Kai-Fu Lee

Online-Ressourcen:

• OpenAI-Dokumentation: https://openai.com/
• Medium-Artikel zu KI-Anwendungsfällen: https://medium.com/

Communities:

• Reddit KI-Gruppen: r/artificial
• OpenAI Discord

Kurse:

• Coursera: *„AI For Everyone"* von Andrew Ng
• Khan Academy: *„Introduction to Artificial Intelligence"*

Glossar

Dieses Glossar enthält zentrale Begriffe, die dir in diesem Buch begegnet sind. Nutze es als schnelle Referenz, wenn du mit KI-Tools arbeitest und experimentierst.

✪ KI (Künstliche Intelligenz)

Die Simulation menschlicher Intelligenz durch Maschinen, wodurch diese lernen, schlussfolgern und Probleme lösen können. Häufige Einsatzbereiche sind Schreibunterstützung, Bildgenerierung, Datenanalyse und Chatbots.

↻ Prompt Engineering

Die Kunst, klare, spezifische und wirkungsvolle Eingaben (Prompts) zu formulieren, um KI-Systeme zu nützlichen oder kreativen Antworten zu führen. Gute Prompts führen zu besseren Ergebnissen. *Siehe auch:* **Kontext**, **Iterative Verfeinerung**

★ LLM (Large Language Model / Großes Sprachmodell)

Ein KI-Typ, der auf umfangreichen Textdaten trainiert wurde. LLMs wie ChatGPT oder Claude können menschliche Sprache verstehen und erzeugen und dienen daher als vielseitige Assistenten.

→ Kontext

Informationen, die du im Prompt bereitstellst, damit die KI deine Absicht versteht. Kontext kann Tonfall, Zielgruppe, Aufgabentyp oder gewünschtes Format umfassen. *Siehe auch:* **Prompt Engineering**

✎ Kreatives Prompting

Die Nutzung von fantasievollen oder offenen Prompts, um unerwartete Ideen, Geschichten, Bilder, Musik oder andere kreative Inhalte durch KI zu erzeugen.

↺ Iterative Verfeinerung

Der Prozess, Prompts anzupassen oder durch Folgeprompts zu verbessern, um die Qualität oder Genauigkeit der KI-Antwort mit der Zeit zu erhöhen. *Siehe auch:* **Prompt Engineering**, **Prompt-Bibliothek**

■ Automatisierung

Der Einsatz von KI zur Durchführung repetitiver oder zeitaufwändiger Aufgaben wie Terminplanung, Zusammenfassungen oder Formatierung, damit du dich auf

wertvollere Arbeiten konzentrieren kannst. *Siehe auch:*
Produktivität

¶ Prompt-Bibliothek

Eine persönliche oder geteilte Sammlung nützlicher, wiederverwendbarer Prompts, organisiert nach Aufgabe, Thema oder Format. Ideal zur Zeitersparnis und für konsistente Ergebnisse.

⊕ KI-Kompetenz

Die zunehmende Fähigkeit und das Vertrauen, KI-Tools effektiv zu nutzen – durch Verständnis darüber, was sie leisten können, wie man sie anleitet und wie man ihre Antworten bewertet.

⚠ Verzerrung (Bias)

Wenn ein KI-Modell Muster aus seinen Trainingsdaten widerspiegelt, die unfair, unausgewogen oder irreführend sein können. Besonders wichtig bei der Bewertung von KI-Antworten.

▷ **Halluzination**

Wenn eine KI Informationen erzeugt, die plausibel klingen, aber faktisch falsch oder komplett erfunden sind. Wichtige Ergebnisse daher immer gegenprüfen.

Danksagung

Kein Buch entsteht im Alleingang – und dieses bildet keine Ausnahme.

Ich bin zutiefst dankbar für die **KI-Forschungsgemeinschaft** sowie für die vielen **Lehrenden, Tool-Entwickler und Open-Source-Mitwirkenden**, die diese neue kreative Grenze möglich gemacht haben. Eure Arbeit bildet nicht nur das Fundament dieses Buches, sondern prägt auch weiterhin die Zukunft, die wir gemeinsam erkunden.

Ein herzliches Dankeschön an alle **Leserinnen und Leser, Tester und neugierigen Einsteiger**, die Feedback gegeben, Prompts geteilt oder „Was wäre wenn?"-Fragen gestellt haben, die dieses Buch mit Leben gefüllt haben. Euer Input war unschätzbar** für den Ton, die Werkzeuge und den didaktischen Ansatz dieses Leitfadens.

Ein besonderer Dank gilt **Heike Wolff** für ihre sorgfältige Durchsicht und ihr großzügiges Feedback während der Entstehung dieses Buches. Deine Anregungen und Einsichten haben dieses Werk auf wertvolle Weise geschärft und bereichert.

An die **Designer, Entwickler und kreativen Köpfe**, die KI im Großen wie im Kleinen einsetzen: Eure Projekte beweisen, dass **KI nicht dafür da ist, Menschen zu ersetzen, sondern sie zu befähigen**.

Und schließlich an alle, die dieses Buch nicht aus Selbstsicherheit, sondern aus *Neugier* zur Hand genommen haben: Dieses Buch wurde für euch geschrieben.

Danke, dass ihr gemeinsam mit mir die Zukunft gestaltet – ein Prompt nach dem anderen.

Über den Autor

Asterios Raptis bringt über drei Jahrzehnte Erfahrung als Softwareentwickler, Data Scientist und Autor mit. In dieser Zeit hat er in den unterschiedlichsten Bereichen gearbeitet, von klassischen Enterprise-Systemen bis hin zu modernen, KI-gestützten Tools und datengetriebenen Innovationen. Sein Markenzeichen ist die Fähigkeit, komplexe Zusammenhänge so aufzubereiten, dass sie für alle verständlich, praktisch und inspirierend werden.

Neben seiner Arbeit in der Softwareentwicklung hat er angehende Entwickler ausgebildet, Teams aufgebaut und geleitet sowie branchenübergreifend als Berater gewirkt. Dabei stehen für ihn immer Klarheit, Kreativität und Nutzerorientierung im Mittelpunkt.

Getrieben von der Überzeugung, dass **Künstliche Intelligenz für alle zugänglich sein sollte**, schrieb er dieses Buch, um die Lücke zwischen hochkomplexer Technologie und den realen Bedürfnissen des Alltags zu schließen. Sein Schreibstil ist praxisnah, klar und einladend. Er richtet sich sowohl an Neugierige als auch an Leser, die bislang Berührungsängste mit Technologie hatten.

Mit *KI für Einsteiger* verfolgt er das Ziel, KI zu einem kreativen Partner und Produktivitätsverstärker für jedermann zu machen. Leser werden dazu ermutigt, selbstbewusst zu experimentieren, zu lernen und eigene Ideen mit Hilfe von KI umzusetzen.

Wenn er nicht an neuen Tools, Tutorials oder Prompt-Mustern arbeitet, verbringt Asterios gerne Zeit mit seinen drei Kindern oder widmet sich kreativen Projekten abseits des Bildschirms. Er lebt in Ludwigsburg und beschäftigt sich kontinuierlich mit der Frage, wie man **Technologie entmystifizieren und in den Alltag integrieren** kann.

Folgen Sie seiner Arbeit oder nehmen Sie Kontakt auf:

- ★ LinkedIn
- ∅ GitHub
- ✎ Medium.com

Weitere Veröffentlichungen unseres Verlages

Bücher von Asterios Raptis

- **Die Währung des Geistes**
  eBook | Paperback | Hardcover

- **Die Formbare Ewigkeit – Bewusstsein, Realität und das Paradox der Unendlichkeit**
  eBook | Paperback | Hardcover

- **KI für Einsteiger (Prompts gestalten ohne Programmierkenntnisse)**
  eBook | Paperback | Hardcover

- **Mit den Augen eines Vaters (Ein Vater. Ein Sohn. Und die Liebe, die bleibt.)**
  eBook | Paperback | Hardcover

- **Die souveräne Zivilisation – Architektur der Freiheit**
  eBook | Paperback | Hardcover

- **Das lebende Stimmrecht – Vom Untertan zum Auftraggeber**
  eBook | Paperback

Bücher von Draven Quantum

- **Das Erwachen der Wächter (Wächterchroniken – Band 2)**
  eBook | Paperback

- **Die Jäger und die Gejagten (Wächterchroniken – Band 1)**
  eBook | Paperback

- **Schatten über New Eden (Eine verbotene Liebe jenseits der Sterne)**
  eBook | Paperback | Hardcover

- **Die Erben des Lichts (Die Kinder der neuen Ära)**
  eBook | Paperback

- **Die Galaxis der Tränen (Wächterchroniken – Band 4)**
  eBook | Paperback | Hardcover

- **Letzter Funke (Warum wir allein sein könnten – und es trotzdem nicht bleiben wollen)**
  eBook | Paperback | Hardcover

- **Die Schildmaid (Ein Roman über Menschlichkeit, Technologie und den Geist des Sports)**
  eBook | Paperback | Hardcover

- **KI entwirft eine neue Welt – Band 1: Die Offenbarung**
  eBook | Paperback | Hardcover

Bücher von Stelio Moon

- **Das lachende Pferd (Eine griechische Geschichte für Kinder)**
  eBook | Paperback

Impressum

Titel: *KI für Einsteiger*
Autor: Asterios Raptis
Verlag (Imprint): Conscious Path Publishing
Ausgabe: Erste Auflage (2025)

Kontakt:
asteri.raptis@gmail.com

Haftungsausschluss:
Dieses Buch dient ausschließlich Bildungszwecken und stellt keine rechtliche, finanzielle, medizinische oder professionelle Beratung dar. Autor und Verlag übernehmen keine Verantwortung für Fehler oder Auslassungen sowie für Folgen, die aus der Nutzung der enthaltenen Informationen entstehen.

KI-Unterstützung:
Teile der Texterstellung und redaktionellen Bearbeitung

wurden durch KI-Tools unterstützt. Sämtliche Inhalte wurden vom Autor geprüft und final freigegeben.

Markenrechte:

Alle Produktnamen, Logos und Marken sind Eigentum der jeweiligen Rechteinhaber und werden ausschließlich zur Identifikation verwendet.

CONSCIOUS
PATH
PUBLISHING

www.ingramcontent.com/pod-product-compliance
Lightning Source LLC
LaVergne TN
LVHW051735050326
832903LV00023B/926